FAROFA

ADMINISTRAÇÃO REGIONAL DO SENAC NO ESTADO DE SÃO PAULO
Presidente do Conselho Regional: Abram Szajman
Diretor do Departamento Regional: Luiz Francisco de A. Salgado
Superintendente Universitário e de Desenvolvimento: Luiz Carlos Dourado

EDITORA SENAC SÃO PAULO
Conselho Editorial: Luiz Francisco de A. Salgado
Luiz Carlos Dourado
Darcio Sayad Maia
Lucila Mara Sbrana Sciotti
Luís Américo Tousi Botelho

Gerente/Publisher: Luís Américo Tousi Botelho
Coordenação Editorial: Ricardo Diana
Prospecção: Dolores Crisci Manzano
Administrativo: Verônica Pirani de Oliveira
Comercial: Aldair Novais Pereira

Edição e Preparação de Texto: Heloisa Hernandez do Nascimento
Revisão de Texto: Isabela Talarico
Projeto Gráfico e Editoração Eletrônica: Veridiana Freitas
Capa: Antonio Carlos De Angelis, Veridiana Freitas
Fotografia: Estúdio Gastronômico, exceto figura 1 (A-J) e foto dos autores, de Gonzalo Cuéllar Mansilla
Ilustrações: AdobeStock
Impressão e Acabamento: Maistype

Proibida a reprodução sem autorização expressa.
Todos os direitos desta edição reservados à
Editora Senac São Paulo
Av. Engenheiro Eusébio Stevaux, 823 – Prédio Editora
Jurubatuba – CEP 04696-000 – São Paulo – SP
Tel. (11) 2187-4450
editora@sp.senac.br
https://www.editorasenacsp.com.br

© Editora Senac São Paulo, 2020

Dados Internacionais de Catalogação na Publicação (CIP)
(Jeane Passos de Souza – CRB 8ª/6189)

Narciso, Daniela
   Farofa / Daniela Narciso, Danilo Rolim. — São Paulo : Editora Senac São Paulo,
2020.

   Bibliografia.
   ISBN 978-65-5536-163-6 (Impresso/2020)
   e-ISBN 978-65-5536-164-3 (ePub/2020)
   e-ISBN 978-65-5536-165-0 (PDF/2020)

   1. Farofa (receitas e preparo) 2. Culinária Brasileira – Farinha (tipos)
3. Culinária Regional Brasileira I. Rolim, Danilo II. Título.

20-1150t.   CDD – 641.8
                                                       CKB105000

Índice para catálogo sistemático:
1. Farofa : Culinária : Brasil 641.8

FAROFA

DANIELA NARCISO | DANILO ROLIM

EDITORA SENAC SÃO PAULO – SÃO PAULO – 2020

SUMÁRIO

7
NOTA DO EDITOR

9
PREFÁCIO
ANA RITA DANTAS SUASSUNA

11
APRESENTAÇÃO
GRAZIELA MILANESE

13
DEDICATÓRIA

14
INTRODUÇÃO
   16 FAROFA?

18
A BASE
   20 AS FARINHAS
   28 AS GORDURAS

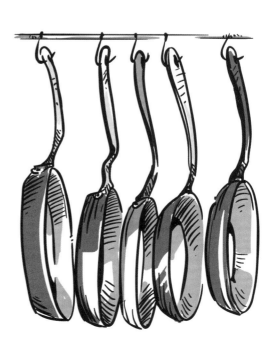

32 / RECEITAS

35 FAROFAS BÁSICAS

FAROFA D'ÁGUA 36
FAROFA DE DENDÊ 37

FAROFA NA MANTEIGA 38
FAROFA NA BANHA 39

40 FAROFAS SIMPLES

FAROFA DE OVO 41
FAROFA DE BANANA 42
FAROFA DE BACON OU DE LINGUIÇA 43
FAROFA DE CEBOLA 44
FAROFA DE ALHO FRITO 45
FAROFA VERDE (DE COUVE) 47
FAROFA DE PINHÃO 48

FAROFA DE TORRESMO 49
FAROFA DE CENOURA 50
FAROFA DE FEIJÃO-FRADINHO 52
FAROFA DE PEQUI 53
FAROFA DE PALMITO DE GUARIROBA 54
FAROFA DE CAMARÃO SECO 55
FAROFA DE RASPAS DE QUEIJO 56

59 FAROFAS MISTAS

FAROFA-FÁ 59
FAROFA DE COUVE COM OVO E LINGUIÇA 61
FAROFA DE BACON, OVO, LINGUIÇA E CEBOLA 62
FAROFA DE CEBOLA E QUEIJO BRANCO 63
FAROFA DE BANANA COM BACON 64
FAROFA DE FARINHA DE ROSCA,
 TOMATE, AZEITONA E ERVAS 66
FAROFA DE CARNE-SECA COM MAXIXE 67
FAROFA FRIA 68

FAROFA DE MILHO FLOCADO COM
 GOIABADA CASCÃO E QUEIJO COALHO 69
FAROFA DE PIRACUÍ COM BANANA-DA-TERRA 71
FAROFA DE SURURU COM DENDÊ 72
FAROFA DE AVIÚ 73
FAROFA DE MIÚDOS E AZEITONA 74
FAROFA DE AMEIXA SECA E CEBOLA QUEIMADA 75
FAROFA DE REPOLHO E BACON 77
FAROFA DE NATAL E ANO-NOVO 78

79 FAROFAS PARA RECHEAR

FAROFA DE MIÚDOS PARA RECHEAR AVES 80
FAROFA DE CAMARÃO PARA
 RECHEAR PEIXES E FRUTOS DO MAR 82
FAROFA DE OVAS DE
 TAINHA PARA RECHEAR PEIXES 83
FAROFA PARA CROSTA DE SARDINHA 87

FAROFA DE FOLHA DE TAIOBA
 PARA RECHEAR PEIXES ASSADOS 88
FAROFA PARA RECHEAR CARNES
 COM ALTO TEOR DE GORDURA 90
FAROFA PARA RECHEAR CARNES MAGRAS 92

94 PAÇOCAS

PAÇOCA DE CARNE 95
PAÇOCA DE CARNE-SECA 96

PAÇOCA DE TORRESMO 98
PAÇOCA DE PINHÃO 99

100 FAROFAS DE FARNEL

GALINHA COM FAROFA 101
FAROFA DE PEIXE SECO
  COM BANANA-DA-TERRA 103
FAROFA DO PESCADOR 105
FAROFA DE BACALHAU
  COM GRÃO-DE-BICO 106
FAROFA DE PATO CROCANTE COM
  MAÇÃS E REPOLHO 108

FAROFÃO GOIANO
  (INSPIRADO NO EMPADÃO GOIANO) 110
MEXIDO DE CARNE DE SOL 111
ROUPA-VELHA 113
FEIJÃO-TROPEIRO 114
FILÉ À OSWALDO ARANHA 115
VIRADO À PAULISTA 117

119 FAROFAS DOCES

FAROFA PARA SORVETES 120
PAÇOCA DE AMENDOIM 121
FAROFA DE LEITE EM PÓ,
  AVEIA E GOJI BERRY 122

FAROFA DE COCO QUEIMADO 123
FAROFA DE CASTANHA-DE-CAJU 125
FAROFA DE SUSPIROS COM
  NIBS DE CACAU E FRUTAS SECAS 127

128 FAROFAS FUNCIONAIS

FAROFA DE CASTANHA-
  -DO-PARÁ E COUVE-FLOR 129
FAROFA DE ARROZ
  TOSTADO E COGUMELOS 130
FAROFA DE QUINOA
  COM TOFU DEFUMADO 131

FAROFA DE ABÓBORA E GIRASSOL 132
FAROFA DE AVEIA COM AMENDOIM 134
FAROFA DE FARELO DE TRIGO
  E CLARAS DE OVOS 135
FAROFA DE COCO E CEBOLA EM FLOCOS 136
FAROFA DE CHIA COM CENOURA 138

139 PARENTES DA FAROFA

DUELOS Y QUEBRANTOS 141
CRUMBLE 142
MIGAS 144
FARFEL DE MATZÁ 145
STUFFING 146
PANZANELLA 148
PERSILLADE 149

CUSCUZ MARROQUINO 150
CUSCUZ NORDESTINO 151
CUSCUZ PAULISTA 152
TABULE 154
MOLLICA FRITTA –
  IL FORMAGGIO DEI POVERI 156

158
REFERÊNCIAS

159
ÍNDICE DE RECEITAS

160
SOBRE OS AUTORES

NOTA DO EDITOR

Em *Farofa*, os autores nos apresentam uma infinidade de receitas desse alimento tão bem-vindo nas refeições brasileiras, demonstrando a grande diversidade de criações possíveis, a partir dos mais variados ingredientes.

Antes, explicam ao leitor como surgiu a farofa, com suas diferentes matérias-primas e os métodos de preparo, desde a época pré-cabralina até a chegada dos portugueses no Brasil e suas posteriores adequações, com o uso de novas tecnologias e costumes dos povos que passaram a habitar o país. Também revelam características técnicas tanto da farinha como da gordura, essenciais no preparo da farofa.

As receitas trazidas no livro são acompanhadas de dicas para a combinação ou substituição de ingredientes: cabe ao leitor escolher o que mais lhe agrada, conforme o gosto pessoal. Além das farofas, há também receitas de alimentos similares em outros países, provável reflexo do contato do povo ibérico com as farinhas indígenas ou do período de racionamento de alimentos durante guerras, conforme afirmam os autores.

O Senac São Paulo espera, com este lançamento, colaborar com a disseminação de conhecimento sobre a farofa, símbolo da regionalidade brasileira, oferecendo uma variedade de receitas ao público e informação sobre sua origem e modo de preparo, fomentando pesquisas e novos usos dos ingredientes.

PREFÁCIO

Daniela e Danilo, dois reconhecidos militantes no cenário da gastronomia, resolveram registrar neste livro o que acumularam de conhecimento, a partir de estudos e de vivências com suas famílias sobre o preparo e uso de farofas.

Na atualidade, o grau de importância das receitas evidencia-se pelo que trazem de informações histórico-culturais, tais como procedência e qualidade de ingredientes, ancestralidade e contemporaneidade, vinculação a hábitos familiares e regionais, simplicidade, equipamentos utilizados e formas de preparo no âmbito familiar ou comercial.

A leitura da obra me empolgou por demonstrar a versatilidade das farofas no trivial e no acompanhamento de iguarias nos hábitos alimentares regionais; pela multiplicidade de receitas apresentadas; pelas tabelas que relacionam gorduras e farinhas com nome, origem, texturas, formas de torra, coloração, entre outros itens; e também pela descrição do processo de produção de inúmeras farinhas.

A farinha de mandioca de Santa Catarina, para Daniela, e a de milho do interior de São Paulo, para Danilo, são, familiarmente, bens afetivos e gustativos tão fortes que os inspiraram a construir este livro, que indica para o leitor caminhos para descobrir novas combinações com farinhas e criar outras farofas, das mais simples às mais elaboradas.

Para concluir, devo ressaltar que farofa é um prato agradável ao paladar brasileiro, de uso cotidiano na mesa de pessoas de diferentes níveis sociais e presta-se a múltiplas finalidades no âmbito da gastronomia.

ANA RITA DANTAS SUASSUNA
Estudiosa da culinária regional brasileira

APRESENTAÇÃO

Mas são "iguarias finíssimas!" – diria o doutor Ricardo Maranhão. "É no requinte de uma simplicidade tamanha que nasce na cozinha brasileira a FAROFAAA" (falando de boca cheia pra voar pelos cantos). "E nos farnéis de viagem ela tem presença cativa, veja só!"

Pelos muitos séculos de história, farofa, fubá, bagunça foi o método criado para se aproveitar de tudo, sem desperdício, cada pedaço de carne ou caldo de ensopado. Para os viajantes, um alívio e um aporte calórico importante. Sua base, a farinha, dá a energia pra lida do dia, longos dias de viagem e de saudades, assim como contribui para a história da construção dos muitos pratos da cozinha brasileira. E, por falar em saudades, obrigada pelo debate, doutor.

Com amor,

GRAZIELA MILANESE
Professora de história da alimentação

Dedicamos esta obra ao professor Ricardo Maranhão, o grande historiador da gastronomia brasileira, que infelizmente nos deixou enquanto escrevíamos este livro. Sua imensa sabedoria, generosamente dividida como professor, conselheiro e, principalmente, como comensal, em refeições nas quais nos brindava com conversas dignas de *O banquete*, de Platão, foi uma grande inspiração para nós.

INTRODUÇÃO

Perguntaria Carlos Castañeda: "Tem esse caminho um coração?". Sem pensar, minha resposta seria: "Esse caminho é só coração!".

Primeiro porque sou brasileira, e amamos farofa. Segundo, porque boa parte de minha família provém de lugares que, se não tiver farofa na mesa, não tem comida. E não importa o cardápio. Do arroz com feijão ao macarrão (sim, meu irmão adorava farofa com macarrão), uma farofinha é ingrediente essencial para acompanhar a refeição. Foi minha tia-avó, querida tia Enedina, de Tijucas (SC), cidade onde se produz uma farinha muito branca e fininha, quem me ensinou direitinho: primeiro é preciso torrar a farinha na manteiga até ficar amarelinha e começar a borbulhar, exalando um aroma de castanha torrada, em fogo baixo, sem nenhuma pressa... Lembro da alegria que esse cheiro me fazia sentir! Meu avô paterno – comerciante de profissão, mas pescador de coração – curtia mais do que a farofa um bom pirão d'água (mas vamos deixar o pirão para um próximo livro). Já meu avô materno, nascido em Belém do Pará, filho de pai baiano de raízes africanas e mãe maranhense descendente de índios, não curtia muito farofa, talvez por bairrismo, uma vez que morava em Florianópolis e a farofa do "manezinho da ilha" não é a mesma farofa do Norte-Nordeste... Mas, em resumo: eu amo farofa!

E minha paixão por esse alimento é tão grande que quase fui presa algumas vezes em alfândegas de vários países, tentando levar alguns quilos de um pó branco e fininho para fazer farofa. Já teve policial que me fez comer duas colheradas de farinha e ficou observando minhas pupilas para ver se o tal pó surtia algum efeito tóxico. Sou expert em explicar a policiais alfandegários o que é farinha de mandioca e para que serve. E, acredite, sempre acabam me deixando passar, feliz da vida com meus sacos de farinha para presentear amigos cozinheiros e chefs de cozinha de todo o mundo.

E assim, com tanto amor e tanta história, acabei compartilhando essa paixão pela farofa com meu sócio Dan Rolim, de Itapeva, que não troca a farinha de milho por nada! De uma sabedoria e paciência ímpar, ele me apresenta sempre um fato novo sobre o tema, me ensina novas técnicas e, juntos, pesquisamos mais a fundo o assunto.

A farofa é um tema sem fim, as misturas são infinitas, as farinhas são inúmeras e as técnicas também variam, assim como as invenções. Afinal, temos de concordar que um bom brasileiro, além de gostar de samba e de farofa, adora inventar, criar e inovar. Por isso, reunimos em um só livro um pouco de história, técnicas, um resumo dos tipos de farinha que encontramos no Brasil e algumas receitas de farofa – das mais simples às mais elaboradas, daquelas feitas apenas com dois ingredientes às que servem de refeição, das mais tradicionais às mais criativas.

Espero que gostem e se divirtam!

DANIELA NARCISO

FAROFA?

Bem pode o evangelista dizer que o homem imprudente constrói sua casa sobre a areia, mas foi sobre o alicerce da farinha, especialmente a de mandioca, que a alimentação brasileira foi construída. E ainda que falte à farofa (sua forma de preparo mais básica) um mínimo de coesão, essa estrutura arenosa é liga suficientemente densa para unir os pratos de todo o país, ultrapassando limites geográficos e sendo assimilada pelas mais diversas cozinhas regionais: "A farofa e a farinha de mandioca têm na mesa brasileira o mesmo papel do pão na do europeu, é o que dá sustância para a refeição; muitas vezes é o que se usa para raspar aquela última gota de molho no fundo do prato", nas palavras do *chef* Rodrigo Oliveira.

Definir o que é a farofa, no entanto, é uma tarefa ingrata. São tantas as variações, tantas as técnicas e tantas as paixões a ela devotadas que, invariavelmente, ao buscar uma definição, muitas outras ficarão de fora. Uma prova? Tomemos a do dicionário Caldas Aulete:

> **(fa.ro.fa) sf.**
> **1.** Bras. Cul. Prato (ger. acompanhamento) preparado à base de farinha de mandioca frita em gordura, ger. misturada com outros ingredientes, como cebola, ovos, linguiça, etc.

Em primeiro lugar, tal definição não representa o que eu conheci como farofa quando criança. Sou de uma região do estado de São Paulo bastante fria, em que a mandioca não é a cultura mais apropriada. Assim, minha farofa, aquela presente nas mesas de domingo na casa de minha bisavó, acompanhando o churrasco de meu pai, ou diariamente na farinheira de inox, sempre foi a de farinha de milho.

Nem mesmo na origem da palavra *farofa* a mandioca estava presente, já que foi trazida pelos quimbundos escravizados, em sua forma original, *falofa*, e era preparada com a farinha de cereais como sorgo e milhete.

É, porém, impossível negar o protagonismo da mandioca – e sua farinha – na cozinha nacional. Fácil de plantar, flexível quanto à colheita,

16

altamente produtiva e adaptável a quase todos os climas brasileiros. Transformada em farinha, a mandioca torna-se ainda mais prática, podendo ser armazenada por anos, transportada com facilidade e consumida das mais variadas formas.

De maneira geral, pode-se dizer que a farofa é feita com uma farinha previamente torrada – de mandioca, milho, rosca, cuscuz, bolacha ou biscoito – ou que possa ser consumida sem necessidade de cozimento (como as farinhas de castanhas ou nozes). Isso porque o preparo da farofa deve ser rápido, sem tempo suficiente para o cozimento de amido cru, como o da farinha de trigo.

Quando envolve fritura, como na maioria das receitas de farofa salgada, alguns processos físico-químicos muito importantes estão envolvidos, como a dextrinização e a reação de Maillard, que de modo geral tornam a farinha mais saborosa e de mais fácil digestão, liberando um agradável aroma tostado.

Outro ponto importante é a consistência. Não duvidaria se soubesse que o filósofo pré-socrático Demócrito desenvolveu sua teoria atômica da matéria ao comer uma farofa de pão grego refogado no azeite. A farofa deve ser sempre solta, com grãos livres para serem projetados por algum comensal incauto que ouse pedir por mais com a boca ainda cheia. Caso contrário, teremos um virado ou até um pirão.

Por mais que possa ter fama de eterna coadjuvante nas refeições, a farofa é uma voz basal na grande fuga gustativa que é a cozinha brasileira, cuja importância pode somente ser devidamente apreciada quando ausente. E é acreditando no potencial de protagonismo dessa preparação tão brasileira que nos propusemos a fazer este livro. Afinal, como bem disse Vinícius de Moraes, "o que há de melhor que ir pra cozinha e preparar com amor uma galinha com uma rica e gostosa farofinha?".

DANILO ROLIM

A BASE

VARIEDADES DE FARINHA:

1. FARINHA DE MILHO FLOCÃO;
2. FARINHA LÁCTEA;
3. FARINHA DE PINHÃO;
4. FARINHA DE MANDIOCA FLOCADA;
5. FARINHA DE COPIOBA;
6. FARINHA DE MILHO FLOCADA BRANCA;
7. FARINHA DE MANDIOCA D'ÁGUA DE GOIÁS;
8. FARINHA DE MANDIOCA DO LITORAL SUL;
9. FARINHA DE MANDIOCA UARINI;
10. FARINHA DE AVEIA EM FLOCOS FINOS;
11. FARINHA DE MANDIOCA BIJU;
12. PANKO;
13. FARINHA DE MANDIOCA DE CRUZEIRO;
14. FARINHA DE TAPIOCA FLOCADA;
15. FARINHA DE MANDIOCA D'ÁGUA DE RONDÔNIA;
16. FARINHA DE MANDIOCA DE BRAGANÇA;
17. FARINHA DE ROSCA;
18. FARINHA DE PIRACUÍ;
19. FARINHA DE MANDIOCA SECA FINA;
20. FARINHA DE MILHO FLOCADA;
21. FARINHA DE MANDIOCA SECA GROSSA.

AS FARINHAS

Ao chegarem às praias brasileiras, os primeiros portugueses viram que os habitantes locais consumiam uma farinha muito semelhante à farinha de rosca comum na Europa. Essa farinha, no entanto, não era produzida a partir do pão, mas sim de uma raiz nativa, ralada e tostada. Mais tarde, durante a colonização, os portugueses trouxeram a tecnologia de engenho – de água, de tração humana ou de tração animal – para produzir a farinha em larga escala e abastecer as entradas e bandeiras, a navegação de cabotagem e a crescente colônia. Inclusive, algumas regiões do país se desenvolveram a partir daí, como a ilha de Santa Catarina, que mantém a tradição de produção da farinha de engenho até hoje.

Tradição que, assim como outras relacionadas à cultura de produção da farinha no país, corre risco. Primeiro por questões econômicas, pois a produção de farinha artesanal não é reconhecida como um negócio viável financeiramente e muitas das famílias que a produzem o fazem apenas para subsistência da sua família e da comunidade. Segundo por questões relacionadas ao método de produção, nem sempre adaptado às normas da vigilância sanitária de algumas regiões, como no agreste de Alagoas, onde o plantio de mandioca abrange mais de 20 mil hectares de terras, representando a principal fonte de renda de 26 mil agricultores da região, e onde existem aproximadamente 500 casas de farinha – muitas delas, por não conseguirem se adaptar à legislação, acabam comercializando seus produtos de maneira informal.

A mandioca é um vegetal fantástico, muito produtivo, resistente a pragas, não exigente em relação ao solo, desde que cultivado em clima tropical, e extremamente versátil. Em sua estrutura, porém, além do abundante amido, estão duas substâncias potencialmente tóxicas, a linamarina e a lotaustralina, compostos que, ao reagir com as enzimas digestivas, são transformados em ácido cianídrico, extremamente tóxico e potencialmente fatal. Fortuitamente, nas paredes celulares da própria mandioca há o composto linamarase, capaz de quebrar a linamarina em cianeto de hidrogênio, composto venenoso, mas extremamente volátil. Assim, ignorando completamente a química orgânica e graças a gerações experimentando incalculável desconforto intestinal, as populações originárias do que viria a ser o Brasil acumularam o conhecimento necessário para aproveitar melhor a mandioca. Demolhada, ralada, espremida, seca e tostada, além de selecionada para variedades mais mansas, a mandioca se tornou a principal fonte de alimento local.

De maneira geral, há dois modos básicos de produção da farinha de mandioca: a farinha seca e a d'água.

Para a produção da farinha seca, a mandioca é lavada, descascada, ralada, prensada, peneirada e, finalmente, torrada. O caldo extraído na prensagem da mandioca não pubada é chamado de manipueira; quando decantado, obtém-se o polvilho ou goma de tapioca. Em geral, a farinha seca tem aroma e sabor mais suaves e sua granulometria é menor.

Para a farinha d'água, a mandioca passa por um processo de maceração em água chamado pubagem, para que fermente e elimine os componentes tóxicos antes de ser descascada e passar pelos passos seguintes da produção, como a farinha seca. A farinha d'água tende a ter aroma e sabor mais intensos, em virtude da pubagem, e seus grãos são duros e maiores – para comer a farinha d'água, especialmente as de grãos maiores, dita "baguda", é preciso hidratá-la, seja com o caldo das preparações (ou açaí, ou leite), seja com a saliva na boca, lentamente, apreciando o sabor ácido característico.

Para preparar farofas, normalmente opta-se pela farinha seca.

ESTE É O PROCESSO FEITO NO LITORAL SUL DO BRASIL, AINDA EM MOINHO DE BOI EM ALGUMAS REGIÕES, COMO NA VILA DE PESCADORES DE SANTO ANTÔNIO DE LISBOA, ONDE A FAMÍLIA ANDRADE AINDA PRESERVA A TRADIÇÃO DO SÉCULO XIX. O ENGENHO DE FARINHA É MOVIDO A BOI E TODAS AS PEÇAS SÃO FEITAS ARTESANALMENTE **A**. O PROCESSO DA FARINHA É TODO MANUAL E ORGANIZADO ENTRE UM GRUPO DE AMIGOS E PESCADORES DO LOCAL QUE CUIDAM DO PLANTIO, COLHEITA **B**, TRANSPORTE DA MANDIOCA EM CARRO DE BOI **C**, SEGUIDO DAS AÇÕES DE DESCASCAR **D**, LAVAR **E**, RALAR **F**, COLOCAR NA PRENSA **G**, PENEIRAR **H**, TORRAR **I** E MEXER **J**.
FOTOGRAFIA: GONZALO CUÉLLAR MANSILLA.

22

23

A outra das grandes farinhas brasileiras é a farinha de milho, intimamente associada à cozinha caipira.

A produção da farinha de milho brasileira é única, diferindo tanto das farinhas de grãos produzidas na Europa quanto da *masa nixtamalizada* dos mexicanos e centro-americanos.

A forma europeia de produzir farinha de grãos, como trigo e centeio, é simplesmente moer os grãos secos com pesadas mós para obter um pó muito fino e cru. Os portugueses trouxeram essa técnica de produção de farinha para o Brasil e, ao empregá-la ao milho local, criaram o fubá, que, apesar de sua importância para a cozinha nacional, não serve para fazer farofa.

Tampouco a *masa* preparada com o milho nixtamalizado é apropriada para a farofa. Esse processo, desenvolvido por civilizações mesoamericanas por volta de 2000 AEC, consiste em cozinhar o milho em solução alcalina, para facilitar a moagem, eliminar o gérmen e a casca, melhorar o sabor e torná-lo mais nutritivo.

A farinha de milho brasileira é feita demolhando os grãos por alguns dias para que hidratem e fermentem; esses grãos, então, são moídos (originalmente socados em pilão ou monjolo) e a massa resultante é peneirada sobre uma chapa quente que tosta a fina camada de farinha, formando o beiju. O resultado desse processo é uma farinha flocada muito leve e crocante, com o sabor bem suave.

Essas duas grandes famílias de farinhas, a de mandioca e a de milho, constituíam pelo menos até o século XIX a base da alimentação brasileira, e só então começaram a perder preponderância para o arroz como carboidrato básico e, em menor grau, para o pão de trigo e macarrão. A *chef* Janaína Rueda, responsável por criar um novo cardápio para a merenda das escolas públicas do estado de São Paulo, diz que o primeiro item que pediu para ser inserido nos pratos das escolas foi a farinha de mandioca: "Eu acho que a farofa é um patrimônio brasileiro, adorado por todos; nunca vai ser um prato datado, ela sempre vai se manter atual. É soberana, é charmosa e é saborosa".

Sua produção era uma das poucas manufaturas permitidas durante o período colonial pela Coroa Portuguesa, quando foi consolidada grande parte da tecnologia típica dos engenhos. No entanto, em oposição aos engenhos de açúcar que visavam o comércio externo, sua produção sempre foi para o consumo interno, uma reserva alimentar que se mantinha sem perder qualidade por mais de um ano.

Além da parte histórica, é interessante salientar alguns aspectos físico-químicos que influem diretamente no sabor, textura e aroma da farinha e em seu resultado final.

Como explicado anteriormente, as farinhas de mandioca e milho passam por uma cocção durante seu preparo. Seu componente principal é o amido, um carboidrato polissacarídeo, uma forma condensada de açúcar que é o estoque energético dos vegetais. O amido é a principal fonte de energia alimentar humana – considerando uma alimentação minimamente balanceada –, porém é de difícil absorção em seu estado bruto.

A cocção por que passam essas farinhas tem duas fases distintas, uma úmida e outra seca. A cocção úmida ocorre no interior dos grãos, em que o amido na presença de água e calor gelifica, quebrando as ligações polissacarídicas, criando moléculas menores de mais fácil digestão.

Na parte externa dos grãos ocorre a cocção a seco, com duas importantes reações químicas. O amido sofre a pirólise e forma a dextrina. As proteínas, na presença de calor, reagem com os carboidratos gerando novos sabores e aromas, além de alterar a cor, na famosa reação de Maillard.

As farofas são incrivelmente versáteis e, embora seja natural pensar que elas são feitas exclusivamente com farinha de mandioca ou no máximo farinha de milho, há outras farinhas que podem ser usadas com resultados fantásticos em farofas, como as farinhas de castanhas ou nozes, a de coco ralado seco, a farinha de rosca ou sua versão oriental, o panko, por exemplo. Uma farinha especial com muita personalidade é a farinha de piracuí, feita com a carne de peixes assados, desfiados e secos – típica da região amazônica, uma boa opção para uma farofa rica em proteínas com baixo teor de carboidratos.

Segue uma tabela com algumas das principais farinhas utilizadas em farofas.

Nome	Origem	Acidez	Matéria-prima	Produção	Textura
Farinha de mandioca d'água	região Norte	alta	mandioca	artesanal	grossa, crocante e com grãos resistentes
Farinha de mandioca biju	diversa	variável	mandioca	artesanal e industrial	flocos irregulares, crocante
Farinha de mandioca seca	diversa	variável	mandioca	artesanal e industrial	varia de fina a grossa
Farinha de mandioca torrada	diversa	baixa	mandioca	industrial	fina crocante
Farinha de mandioca de Cruzeiro	Cruzeiro do Sul (AC)	baixa (levemente adocicada)	mandioca	artesanal	granulada fina, sequinha e crocante
Farinha de mandioca Uarini	região central do Amazonas	alta	mandioca	artesanal	granulada, seca
Farinha de Bragança	Bragança e Tracuatea (PA)	baixa	mandioca	artesanal	granulada e crocante
Farinha de Copioba	Vale do Copioba, Recôncavo Baiano	baixa	mandioca	artesanal	fina e crocante
Farinha mandioca do litoral sul	PR, SC, RS	baixa	mandioca	artesanal	extrafina
Farinha de tapioca flocada	Pará	baixa	mandioca	artesanal	flocos
Farinha de milho flocada	diversa	baixa	milho	artesanal e industrial	flocos
Farinha de milho flocada branca	diversa	baixa	milho branco	artesanal e industrial	flocos
Farinha de Piracuí	Manaus (AM), Santarém (PA)	-	peixes amazônicos (ex.: acari e tamuatá)	artesanal	irregular, filamentosa
Panko	diversa	-	pão	industrial	flocos finos
Farinha de rosca ou farinha de pão	diversa	-	pão torrado	artesanal e industrial	de granulada a fina

Torra	Coloração	Observações
variada	amarela	As raízes de mandioca passam por um processo de fermentação submersas em água (pubagem) antes de serem trituradas, moídas e secas. De tradição indígena, em algumas regiões é ainda comercializada em cestos trançados de cipó e palha. É utilizada para bolos, bolinhos, cuscuz e pirão, ou para acompanhar cozidos, moquecas e açaí.
variada	variável	De baixa densidade, é obtida das raízes de mandiocas sadias, limpas, descascadas, trituradas, raladas, moídas, prensadas, desmembradas, peneiradas, e laminadas.
variada	variável	É obtida das raízes de mandiocas sadias, limpas, descascadas, trituradas, raladas, moídas, prensadas, desmembradas, peneiradas e torradas. Pode ser fina como pó ou grossa como farinha de rosca.
alta	bege-escura	Embora todas as farinhas de mandioca secas passem por um processo de torra, essa passa por uma torra mais intensa, que confere sabor e coloração adicionais.
dupla	amarela--pálida	De excelente controle de qualidade, a tradição local manda colher a mandioca um ano exato depois do plantio e prepará-la no mesmo dia da colheita.
média	amarela	Feita com mandioca amarela, é considerada "o caviar das farinhas" por seu processo de produção, pois é enrolada de maneira artesanal, a fim de formar bolinhas. Também é chamada de "ovinha". Precisa ser hidratada antes de usar.
variada	amarela	De tradição herdada dos índios tupinambás, a mandioca é deixada de molho com casca por 3 a 4 dias. Após descascada, é recolocada de molho por até 2 dias. Então é moída, lavada, prensada, peneirada e torrada em forno de cobre e colocada em paneiros artesanais. Possui sabor complexo e suave, crocância inigualável e odor característico.
alta	amarela--pálida	Passa por três ciclos do processo de torra e secagem. Se apresentar coloração amarela-intensa, foi tingida com cúrcuma ou corante artificial.
clara	branca	Ainda é possível encontrar em atividade alguns engenhos do século XVIII, de agricultura e produção familiar, movidos a tração animal.
-	branca	Feita a partir de tapioca granulada, exposta a um choque de alta temperatura para que seus grãos "pipoquem". Usada para acompanhar açaí, pode ser utilizada na criação de farofas de textura muito interessante.
clara	amarela, de pálida a intensa	Usada para bolos, pães, broas, cuscuz, virados, polentas e farofa (especialmente de couve).
clara	branca	Ou farinha para acaçá. Feita com milho branco, é tradicionalmente usada para acaçá, bolinho envolto em folha de bananeira usado em rituais do candomblé.
-	bege-clara a escura	Rica em proteínas, é consumida pura ou no preparo de sopas, bolinhos e farofa.
-	bege-clara	É uma variedade de farinha de rosca, usada na culinária japonesa. Tem uma textura mais crocante e aerada que as demais e absorve menos gordura quando frita, por isso é ideal para empanar.
-	bege-clara a dourada	A farinha de rosca é produzida a partir de pães torrados, e pode ter inúmeras variedades de acordo com o tipo e sabor do pão, torra e textura.

AS GORDURAS

A maioria dos óleos vegetais e gorduras animais pode ser usada para fazer farofa, desde que haja cuidado quanto à temperatura ideal de uso para cada um. A temperatura de queima dos óleos, ou seja, a temperatura em que o óleo começa a fazer fumaça, pode mudar as características de sabor e aroma dos óleos.

O fato de as gorduras terem densidades diferentes faz com que sejam mais ou menos absorvidas pelo amido. E, claro, cada tipo de amido absorve mais ou menos gordura. Portanto, há de se prestar atenção na temperatura de queima da gordura e na proporção de farinha por gordura utilizada.

Gorduras	g de gordura/ 100g	g de gordura saturada/ 100g	g de gordura monoinsaturada/ 100g	g de gordura poli-insaturada/ 100g
Algodão	100	26	18	52
Amendoim	100	16.9	46.2	32
Canola	100	7.2	55.5	33.3
Coco	100	86.5	5.8	1.8
Dendê	100	49.2	9.3	9.3
Gergelim	100	14.2	39.7	41.7
Girassol	100	10.1	45.2	40.1
Milho	100	12.7	24	58.7

Apesar de a farofa ser um prato simples, sua preparação é delicada, pois pode queimar facilmente e requer alguns minutos de atenção exclusiva, mexendo sempre, em fogo baixo, fazendo com que cada grão de farinha encontre a porção de gordura exata para manter uma farofa equilibrada. Por isso, para não errar, comece sempre com a quantidade de gordura, misture a farinha aos poucos, sinta o tempo que leva para torrar a mistura inicial e depois vá acrescentando o restante.

O quadro abaixo traz características que devem ser levadas em conta sobre os tipos de gordura, suas temperaturas de queima e melhor forma de consumo.

Temperatura do ponto de fumaça	Melhor uso	Observações
entre 210 °C e 220 °C	geral	Sabor suave e coloração clara.
entre 180 °C e 250 °C	geral	Suporta altas temperaturas.
entre 190 °C e 220 °C	geral	Aroma desagradável sob alta temperatura em razão do alto índice de acidez.
entre 180 °C e 230 °C	geral	Amplamente usado na indústria alimentícia.
entre 180 °C e 230 °C	geral	Coloração e aroma fortes; adquire aroma desagradável quando exposto a altas temperaturas.
entre 220 °C e 230 °C	finalização e mesa	Muito aromático, perde essa característica se aquecido.
entre 210 °C e 220 °C	cocção em geral	Não filtrado, possui aroma e coloração âmbar. Refinado, possui coloração clara e sabor neutro.
não filtrado: > 170 °C filtrado: > 230 °C	geral	Não filtrado, possui coloração entre âmbar e dourado escuro. Filtrado, tem cor dourada.

Gorduras	g de gordura/ 100g	g de gordura saturada/ 100g	g de gordura monoinsaturada/ 100g	g de gordura poli-insaturada/ 100g
Nozes	100	9.1	22.8	63.3
Oliva	100	13.5	73.7	8.4
Palma	100	49.3	37	9.3
Soja	100	14.4	23.3	57.9
Margarina	80.7	15.2	38.7	24.3
Margarina light	40.0	10.0	10.0	17.0
Manteiga	81.1	51.4	21.0	3.0
Manteiga clarificada ou ghee	99.5	61.9	28.7	3.7
Gordura de frango	99.8	29.8	44.7	20.9
Gordura de pato	99.8	33.2	49.3	12.9
Gordura de bacon	99.5	39.9	44.9	11.1
Banha de porco	100	39.2	45.1	11.2
Gordura vegetal hidrogenada	100	25.0	44.5	26.1
Gordura bovina	100	49.8	41.8	4.0

Temperatura do ponto de fumaça	Melhor uso	Observações
entre 160 °C e 200 °C	somente a frio	Sabor forte e intenso, bastante sensível à temperatura.
entre 160 °C e 250 °C	geral	Amplamente usado na indústria alimentícia.
entre 200 °C e 230 °C	a frio	Não filtrado, possui coloração amarela ou esverdeada. Suporta aquecimento, porém muda de aroma.
entre 160 °C e 230 °C	cocção em geral	Não filtrado, possui aroma e coloração fortes e alto teor de vitamina B. Refinado, possui coloração clara e sabor suave.
entre 120 °C e 150 °C	geral	Os ingredientes e as proporções variam de acordo com o fabricante, bem como o uso de manteiga, corante vegetal, preservantes, acidulantes, emulsificantes, antioxidantes, aromatizantes, adoçantes, amidos e sal. Algumas são enriquecidas com vitaminas A, D e Ômega 3.
entre 120 °C e 150 °C	geral	Possui as mesmas características da margarina, porém com teores reduzidos de gordura e sal.
entre 120 °C e 180 °C	geral	Sabor agradável; os componentes lácteos podem queimar facilmente em baixa temperatura.
entre 190 °C e 250 °C	geral	Sabor agradável e, ao contrário da manteiga integral, é mais resistente às altas temperaturas, por não ter a parte aquosa do leite.
entre 190 °C e 200 °C	cocção em geral	Amplamente utilizada na culinária judaica, em que é chamada de Schmalz. Tem sabor intenso.
entre 190 °C e 200 °C	cocção em geral	Seu sabor intenso e peculiar é muito apreciado na cozinha francesa.
entre 180 °C e 200 °C	cocção em geral	De aroma intenso e toque defumado, apresenta resíduos de sal.
entre 180 °C e 200 °C	cocção em geral	Gordura tradicional na cozinha brasileira, tem sabor suave e resiste a altas temperaturas.
entre 160 °C e 190 °C	cocção em geral	De aroma e sabor neutro, é amplamente utilizada na indústria alimentícia.
entre 220 °C e 250 °C	cocção em geral	De sabor intenso e alto teor de gordura saturada, é mais usada em preparações que têm a carne bovina como principal componente.

RECEITAS

As farofas são produções muito flexíveis, capazes de se adaptar à mão do cozinheiro e à disponibilidade de sua despensa. A proporção de farinha para gordura ou mistura pode variar com grande liberdade, conforme a generosidade do anfitrião. As receitas a seguir são uma sugestão, com indicação de proporções e técnicas, não uma lista fechada, servindo como inspiração para outras receitas.

Para facilitar a compreensão das técnicas, as receitas foram separadas em algumas categorias, começando pelas básicas (farinha, gordura ou água e sal) e mais simples (com apenas um ingrediente, além dos básicos), seguindo com as mistas, de farnel, as paçocas e as doces. Os últimos capítulos são dedicados a uma seleção de farofas *fit*, para aqueles que preferem versões mais saudáveis, e, finalmente, receitas que parecem farofa, mas não são.

Divirta-se!

FAROFAS BÁSICAS

Geralmente preparadas com apenas dois ingredientes: a farinha e um líquido (gorduroso ou aquoso), as farofas básicas acompanham naturalmente qualquer refeição do brasileiro. Para um estrangeiro, porém, a sensação de comer farofa pela primeira vez pode remeter à sensação de comer areia, como conta o chef *Laurent Suaudeau*: "A primeira impressão foi não entender esse polvilhar de farinha que secava a boca. Após melhor convivência no país, entendi que a farofa poderia ser substituta do pão ou outro amido".

FAROFA D'ÁGUA   FAROFA DE DENDÊ   FAROFA NA MANTEIGA   FAROFA NA BANHA

FAROFA
D'ÁGUA

A mais básica de todas. Este é o modo de consumo primitivo da farinha de mandioca, incrementando muito pouco seu consumo puro. Pela mesma razão, é a forma ideal para apreciar as qualidades intrínsecas de uma excelente farinha.

200 g DE FARINHA DE MANDIOCA
100 ml DE ÁGUA FRIA
SAL A GOSTO

Misture a farinha de mandioca com a água fria e mexa bem para soltar os caroços. Salgue a gosto. Sirva como acompanhamento de pratos salgados.

FAROFA
DE DENDÊ

Farofa com influência da cozinha africana, leva o dendê que os povos escravizados trouxeram de sua terra natal, junto à sua religião. Essa farofa, além de acompanhar muito bem os pratos da cozinha baiana (como moqueca e bobó), é usada como prato votivo, "comida de santo", especialmente para Exu. O *chef* Carlos Ribeiro, do restaurante Na Cozinha, costuma oferecer a farofa de dendê acrescida de cebola e pimenta para o orixá.

50 ml DE AZEITE DE DENDÊ
200 g DE FARINHA DE MANDIOCA BRANCA
SAL A GOSTO

Aqueça em fogo baixo o dendê, adicione ¼ da farinha e deixe borbulhar por 30 segundos. Adicione o restante da farinha em fogo médio por aproximadamente 2 minutos, mexendo sempre. Fora do fogo, adicione o sal aos poucos e prove. Cuidado, pois é muito fácil passar o ponto do sal.

FAROFA
NA MANTEIGA

Provavelmente esta é a farofa mais consumida no país. Presente nas farinheiras das mesas elegantes, acompanhando os espetinhos de carne servidos nas calçadas ou nos churrascos opulentos de fim de semana, é a essência do acompanhamento da mistura.

50 g DE MANTEIGA SEM SAL
15 ml DE ÓLEO VEGETAL
200 g DE FARINHA DE MANDIOCA BRANCA
SAL A GOSTO

Aqueça a manteiga e o óleo e adicione 50 g da farinha. Deixe em fogo baixo até borbulhar (por cerca de 1 a 2 minutos). Assim que a farinha estiver dourada e começando a liberar um aroma de castanhas tostadas, adicione o sal e, pouco a pouco, o restante da farinha, mexendo sempre, até incorporar toda a farinha com a manteiga. Retire a farofa da panela para não queimar.

VARIAÇÃO:
Substitua a farinha fina pela bijuzada, para uma farofa ainda mais crocante.

FAROFA
NA BANHA

Esta é a farofa da cozinha caipira, que combina a gordura de porco trazida pelos portugueses com a farinha de milho dos povos indígenas, em especial dos guaranis. A farinha de milho fica mais crocante se for torrada lentamente. Depois de pronta, caso sobre, guarde em recipiente hermético.

65 g DE BANHA
200 g DE FARINHA DE MILHO FLOCADA
SAL A GOSTO

Derreta a banha em fogo baixo, então adicione a farinha, mexendo sempre, por aproximadamente 2 minutos, em fogo baixo, até que a farinha comece a dourar e adquira um agradável aroma tostado. Retire a farofa da panela imediatamente, para que não se queime no calor residual.

NOTA:
Outra farofa básica, mas para a qual é impossível passar uma receita específica, é a de fundo de panela, ou seja, aproveitando os sabores impregnados na crosta que se forma no fundo de uma panela em que foram preparados bifes ou um cozido, por exemplo. A técnica é simples: aqueça a panela com um pouco de gordura (melhor se ainda houver a da preparação anterior) e um pouco de água para deglacear esse fundo. Adicione a farinha de sua preferência, misture bem e ajuste o sal.

FAROFAS SIMPLES

Não há quem não reconheça as delícias de uma opulenta farofa, com diversas carnes, diferentes frutas secas e legumes. Essa polifonia de sabores será de fato explorada mais à frente; no entanto, convém antes focar a simplicidade, deixando apenas o essencial brilhar.

FAROFA
DE OVO

A farofa de ovo pode ser elaborada de diferentes formas, com ovo frito, cozido ou mexido. A versão mais segura, para não errar, é a seguinte:

15 ml DE ÓLEO VEGETAL
100 g (2 UNIDADES) DE OVOS
50 g DE MANTEIGA SEM SAL
250 g DE FARINHA DE MANDIOCA OU FARINHA DE MILHO
SAL A GOSTO

Em uma frigideira antiaderente, em fogo médio, aqueça o óleo e despeje os ovos, rompendo as gemas, mas sem mexê-los muito. Tempere com sal. Assim que começarem a endurecer, misture-os rapidamente até que fiquem mexidos e sequinhos. Deixe-os no canto da frigideira e, separadamente, adicione a manteiga e 50 g de farinha para dourar. Aos poucos vá misturando os ovos e a farinha, adicionando também a farinha restante. Desligue o fogo e sirva em seguida.

FAROFA
DE BANANA

A banana, assim como a farofa, é uma preferência nacional, consumida de norte a sul, em pratos doces ou salgados, em todas as suas variedades. Praticamente qualquer banana dá uma boa farofa e podemos encontrar diversas receitas, mas há basicamente duas técnicas de preparo distintas, para banana fria ou crua, como veremos a seguir.

160 g (2 UNIDADES) DE BANANAS (NANICA OU PRATA) MADURAS
20 ml DE ÓLEO VEGETAL
50 g DE MANTEIGA SEM SAL
250 g DE FARINHA DE MANDIOCA BRANCA
SAL A GOSTO

... PARA A FAROFA DE BANANA CRUA

Descasque e corte as bananas em rodelas ou em pedaços. Em uma frigideira média, em fogo baixo, coloque a manteiga para derreter. Em seguida, adicione 50 g de farinha, mexendo sempre, até borbulhar. Assim que a farinha estiver dourada e começando a liberar um aroma tostado, adicione a banana picada, o sal e o restante da farinha, sem parar de mexer, até misturar toda a farinha com a manteiga. Retire a farofa da panela para não queimar.

> **ALTERNATIVAS:**
> *A banana-da-terra, com seu maior conteúdo de amido, pode ser usada na receita de banana frita, uma vez que vai passar pelo cozimento. A banana seca, desidratada, fica deliciosa numa farofinha. Basta adicioná-la ou no início do preparo, com a manteiga, ou no final.*

... PARA A FAROFA DE BANANA FRITA

Descasque e corte as bananas ao meio, no sentido do comprimento. Em uma frigideira média, frite as bananas em metade do óleo (10 ml), em fogo baixo, até ficarem caramelizadas, virando apenas uma vez, para fritar de ambos os lados.

Retire as bananas da frigideira e coloque a manteiga para derreter. Em seguida, junte 50 g da farinha, ainda em fogo baixo, até borbulhar. Assim que a farinha estiver dourada e começando a liberar um aroma de castanhas tostadas, adicione o sal e o restante da farinha, mexendo sempre, até incorporar toda a farinha com a manteiga. Por último, pique as bananas já fritas e adicione à farofa, misturando bem. Retire a farofa da panela para não queimar.

NOTA:
Não se preocupe se elas desmancharem, fica igualmente gostoso!

FAROFA
DE BACON OU DE LINGUIÇA

O bacon e a linguiça apresentam gordura de sabor agradável, que pode ser muito útil no preparo das farofas. Para extrair a gordura desses alimentos, existem basicamente três formas. Faça testes e adote a que mais lhe agradar, em termos de sabor e crocância.

- A tradicional, feita numa frigideira antiaderente, em fogo baixo e mexendo sempre, leva em média 10 minutos para ficar pronta. Durante a cocção, a gordura pode explodir e espirrar. Atenção para não se queimar.

- A mais demorada, sugerida para grandes quantidades, é feita em assadeira ou refratário no forno, em temperatura de 100 °C, por até 40 minutos, sendo necessário mexer ao menos uma vez durante o processo.

- No micro-ondas, para quantidades menores, espalhando o ingrediente sobre um refratário coberto com papel-toalha, leva-se no máximo 5 minutos. Como a gordura queima rápido no micro-ondas, cozinhe um minuto por vez, ou a cada 30 segundos, abrindo o micro-ondas e verificando o ponto de cocção. O bacon e a linguiça ficarão supercrocantes. Caso você não queira utilizar a gordura para a cocção, pode usar de duas a quatro folhas de papel-toalha por baixo e por cima, para absorver completamente a gordura.

É importante lembrar que tanto a linguiça quanto o bacon podem ter diferentes proporções de gordura em relação à carne, por isso é possível que a quantidade de farinha varie ou seja necessário adicionar mais gordura.

50 g DE BACON SEM O COURO OU LINGUIÇA PICADOS EM CUBOS
100 g DE FARINHA DE MANDIOCA TORRADA OU FARINHA DE MILHO
SAL A GOSTO (CUIDADO, POIS AS CARNES JÁ SÃO BASTANTE SALGADAS)

Frite o bacon ou a linguiça da forma que achar melhor e, quando estiver crocante, misture ¼ da farinha, deixando por alguns minutos até dourar. Acrescente o sal e o restante da farinha, pouco a pouco, mexendo sempre.

DICA:
A maioria dos embutidos pode ser usada para o preparo de uma boa farofa, mas o que deve ser levado em conta é a quantidade de gordura e como ela reage ao calor. Portanto, para ter certeza de que vale a pena utilizar um determinado embutido para farofa, faça um simples teste antes, aquecendo um pedaço desse embutido na frigideira e analisando a quantidade de gordura que é liberada (se é suficiente ou não para a farofa), se o sabor dessa gordura depois de aquecida é agradável e se ela queima ou gruda facilmente. Aí é preciso decidir como utilizar esse embutido na farofa: se é melhor cozinhá-lo com a farinha, utilizando sua gordura e sabor, ou se é preferível misturá-lo numa finalização, para compor como ingrediente da farofa após retirá-la do fogo ou apenas para o preparo de uma farofa fria.

FAROFA
DE CEBOLA

Esta receita tem tantas versões que, de norte a sul do país, é difícil achar duas pessoas de famílias diferentes que a preparem da mesma maneira. Algumas preferem a cebola ainda crocante, praticamente crua, outras gostam dela ligeiramente suada na panela; há aqueles que preferem a cebola quase caramelizada, outros usam cebola pré-frita ou em flocos, e também existem os que preparam a farofa de cebola queimada. Sim, queimada até ficar pretinha, com aroma de caramelo e até um leve amargor, que combina com o doce sabor da farinha. Portanto, não discutiremos aqui o ponto da cebola.

100 g DE CEBOLA PICADA
30 ml DE ÓLEO VEGETAL
20 g DE MANTEIGA SEM SAL
200 g DE FARINHA DE MANDIOCA BRANCA
SAL A GOSTO

Em uma frigideira, aqueça a manteiga e o óleo em fogo médio e refogue a cebola até o ponto de sua preferência. Adicione ¼ da farinha e mantenha em fogo baixo até borbulhar (por cerca de 1 minuto). Assim que a farinha estiver dourada e começando a liberar um aroma tostado, adicione o sal e, pouco a pouco, o restante da farinha, mexendo sempre, até misturar toda a farinha com a manteiga. Retire a farofa da panela para não queimar.

FAROFA
DE ALHO FRITO

40 g DE ALHO EM FATIAS
50 ml DE AZEITE DE OLIVA
200 g DE FARINHA DE MANDIOCA
SAL A GOSTO

Descasque e corte os dentes de alho em fatias finas. Em uma panela, coloque o alho e o azeite e aqueça em fogo baixo, mexendo ocasionalmente até que o alho esteja levemente dourado, mas sem deixar que escureça – ou ficará amargo. Retire o alho frito e reserve, mas mantenha o azeite. Adicione a farinha de mandioca e frite em fogo baixo. Ajuste o sal e adicione as fatias de alho frito.

FAROFA
VERDE (DE COUVE)

150 g (APROXIMADAMENTE 8 FOLHAS) DE COUVE PICADA
50 ml DE ÓLEO VEGETAL
5 g DE ALHO PICADO
200 g DE FARINHA DE MANDIOCA BRANCA OU FARINHA DE MILHO
SAL A GOSTO

Corte as folhas de couve limpas e secas em tirinhas muito finas (estilo chiffonade) e reserve. Em uma frigideira grande, em fogo baixo, coloque o óleo para aquecer e refogue o alho picado. Em seguida, adicione a farinha, mexendo sempre, até liberar um aroma tostado. Adicione o sal e, por último, adicione a couve picada, mexendo por um ou dois minutos, até aquecer e misturar tudo, mas sem cozinhar muito, para não soltar muito líquido. Retire a farofa da panela para não queimar.

DICA:

Muitos vegetais de folhas verdes-escuras podem ser utilizados para substituir a couve nessa receita. Por exemplo: nirá, brócolis, bok choy (acelga chinesa), acelga comum, escarola, radicchio, almeirão, chicória, agrião, mostarda e rúcula. Ajuste a quantidade de folhas de acordo com a intensidade de sabor.

Apenas o espinafre não reage muito bem à farofa, porque desmancha e libera uma cor acinzentada. Se quiser fazer uma farofa de espinafre, sugiro que utilize uma receita de farofa fria ou acrescente as folhas após retirar a farofa do fogo, mexendo o suficiente para misturar, sem desmanchar.

FAROFA
DE PINHÃO

Fruto da araucária, pinheiro nativo do sul da América do Sul, o pinhão é parte importante da gastronomia nas regiões onde é encontrado.

150 g DE PINHÃO COZIDO E DESCASCADO
50 g DE MANTEIGA SEM SAL
15 ml DE ÓLEO VEGETAL
200 g DE FARINHA DE MANDIOCA BRANCA
SAL A GOSTO

Descasque os pinhões e pique-os bem miudinhos na faca ou bata no processador. Aqueça a manteiga e o óleo e adicione os pinhões, deixe aquecer e vá acrescentando a farinha aos poucos, mexendo sempre, até que farinha comece a dourar, liberando um aroma de castanhas tostadas. Adicione o sal e, pouco a pouco, o restante da farinha, mexendo sempre, até incorporar toda a farinha com a manteiga. Retire a farofa da panela para não queimar.

FAROFA
DE TORRESMO

200 g DE BARRIGA DE PORCO
100 ml DE ÁGUA
200 g DE FARINHA DE MANDIOCA OU DE MILHO
SAL A GOSTO

Em uma panela, coloque para cozinhar em fogo baixo a barriga de porco, cortada em pedaços de cerca de 3 cm, a água e uma pitada de sal. Tampe e cozinhe, mexendo ocasionalmente para que o torresmo cozinhe e elimine a banha. Cuidado com a fase final, em que toda a água terá evaporado e o torresmo estará fritando, podendo espirrar gordura quente. Assim que estiver crocante e dourado, retire o excesso de gordura, deixando apenas cerca de 50 ml na panela. Adicione a farinha de mandioca e refogue, mexendo sempre, por 2 minutos. Corrija o sal se necessário. Ideal para servir com feijoada.

FAROFA
DE CENOURA

100 g CENOURA RALADA
50 g DE MANTEIGA SEM SAL
15 ml DE ÓLEO VEGETAL
200 g DE FARINHA DE MANDIOCA BRANCA
SAL A GOSTO

Lave, descasque e rale a cenoura como se fosse para salada. Aqueça a manteiga e o óleo e adicione a cenoura, deixe aquecer e vá mexendo até evaporar todo o líquido da cenoura e começar a dourar. Acrescente a farinha aos poucos, mexendo sempre, até que farinha comece a dourar. Adicione o sal a gosto. Retire a farofa da panela para não queimar.

DICA:
Experimente uma versão desta receita com beterraba.

FAROFA
DE FEIJÃO-FRADINHO

50 ml DE ÓLEO VEGETAL
5 g DE ALHO PICADO
100 g DE CEBOLA PICADA
1 FOLHA DE LOURO
10 g DE PIMENTA DEDO-DE-MOÇA PICADA
200 g DE FEIJÃO-FRADINHO COZIDO E ESCORRIDO
200 g DE FARINHA DE MANDIOCA TORRADA OU FARINHA DE MILHO FLOCADA
10 g DE SALSINHA FRESCA PICADA
10 g DE CEBOLINHA VERDE FRESCA PICADA
10 g DE SOPA DE COENTRO FRESCO PICADO
SAL

Aqueça o óleo numa frigideira grande, refogue o alho por cerca de 10 segundos e acrescente a cebola. Quando a cebola estiver dourada, acrescente a pimenta picada, a folha de louro (inteira) e o feijão. Aos poucos acrescente a farinha, misturando bem, com cuidado para não esmagar os grãos de feijão. Tempere com sal, retire a folha de louro, misture os temperos verdes e sirva.

ANTES DE COMEÇAR ESSA RECEITA, LEMBRE-SE DE QUE O FEIJÃO DEVE ESTAR COZIDO, PORÉM FIRME, PARA NÃO DESMANCHAR.

FAROFA
DE PEQUI

50 g DE POLPA DE PEQUI EM CONSERVA, PICADINHO
50 g DE MANTEIGA
50 g DE CEBOLA
5 g DE DENTE DE ALHO
200 g DE FARINHA DE MANDIOCA

Pique bem miúdo a polpa de pequi. Em uma panela, derreta a manteiga e frite o pequi picado em fogo brando até que esteja macio. Adicione a cebola e o alho picados e refogue, então acrescente a farinha e mexa bem. Salgue a gosto.

FAROFA
DE PALMITO DE GUARIROBA

A guariroba é uma palmeira nativa do Brasil, muito abundante na região de Goiás e em toda a região central do país, onde o miolo do palmito amargo é parte importante das receitas locais como acompanhamento ou para compor um prato como ingrediente. Os frutos também são usados para a produção de doces ou licor. Segue uma receita simples, que pode ser complementada com linguiça e até servir de recheio para frango, leitão ou peixes de rio assados.

50 ml DE ÓLEO VEGETAL
100 g CEBOLA PICADA
1 FOLHA DE LOURO
200 g DE GUARIROBA PICADA
40 ml DE SUCO DE LIMÃO
200 g DE FARINHA DE MANDIOCA TORRADA OU FARINHA DE MILHO
SAL E PIMENTA A GOSTO

Aqueça o óleo numa frigideira grande e refogue a cebola com a folha de louro. Quando a cebola estiver dourada, acrescente a guariroba e esprema o suco de um limão, deixando refogar até todo o líquido evaporar. Aos poucos, acrescente a farinha, misturando bem. Tempere com sal e pimenta, retire a folha de louro e sirva.

VARIAÇÃO:
A guariroba pode ser substituída por palmito pupunha fresco ou em conserva.

FAROFA
DE CAMARÃO SECO

50 ml de azeite de dendê
100 g de cebola picada
5 g de alho picado
5 g de pimenta dedo-de-moça
20 g de camarão seco, miudinho (com ou sem casca)
200 g de farinha de mandioca
sal a gosto

Lave os camarões secos em água fria e deixe escorrer bem. Em uma panela, frite no dendê em fogo baixo a cebola, até que esteja macia. Adicione a pimenta e o alho e o camarão picados. Refogue mexendo sempre e adicione a farinha de mandioca. Ajuste o sal.

FAROFA
DE RASPAS DE QUEIJO

Esta é uma receita adaptada do maravilhoso livro *Gastronomia sertaneja: receitas que contam histórias*, de nossa querida amiga Ana Rita Dantas Suassuna. A receita original é preparada no tacho em que se prepara queijo de manteiga (também conhecido como requeijão do norte).

100 g DE QUEIJO DE MANTEIGA
50 ml DE MANTEIGA DE GARRAFA
150 g DE FARINHA DE MANDIOCA SECA
SAL A GOSTO (OU RAPADURA RALADA, CASO QUEIRA A FAROFA DOCE)

Aqueça uma frigideira e coloque o queijo e a manteiga. Deixe que se forme uma crosta dourada, sem queimar completamente o fundo. Acrescente a farinha e mexa vigorosamente para soltar a raspa da panela e incorporar a farinha. Adicione o sal ou a rapadura.

DICA:
Caso você não tenha acesso ao queijo de manteiga, ou à raspa do tacho do requeijão do norte produzido na hora, uma alternativa possível é utilizar um outro queijo que derreta, como minas padrão, provolone ou estepe – lembrando que, nesse caso, o sabor não será o mesmo.

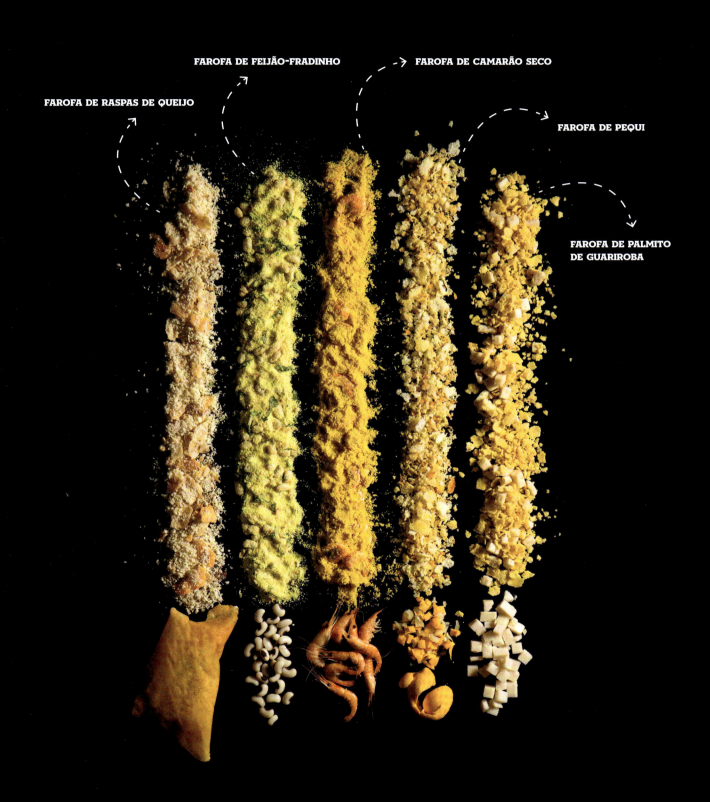

FAROFAS MISTAS

Assim como a necessidade é a mãe da invenção, a disponibilidade é sua limitadora. A farofa, como prato fácil e rápido, é uma refeição coringa que pode ser adaptada àquilo que encontramos em nossa despensa ou geladeira. Uma mudança na combinação de ingredientes e temos inúmeras receitas. Para tanto, utilize as receitas deste capítulo com liberdade.

FAROFA-FÁ

De autoria do cantor Mauro Celso, a música *Farofa-fá* ficou entre as dez mais tocadas do Brasil em 1975:

> *Comprei um quilo de farinha*
>
> *[...]*
>
> *Pra fazer farofa-fá*
>
> *Comprei um pé de porco (farofa-fá)*
>
> *E orelha de porco (farofa-fá)*
>
> *Pus tudo isto no fogo (farofa-fá)*
>
> *E remexi direito (farofa-fá)*
>
> *[...]*
>
> *Farinha de mandioca (farofa-fá)*
>
> *Pimenta-malagueta (farofa-fá)*
>
> *Eu gosto de farofa (farofa-fá)*
>
> *Como e não faço careta (farofa-fá)*

Inspirados nos ingredientes mencionados na música, criamos esta receita.

1 kg DE PÉ DE PORCO FRESCO
1 kg DE ORELHA DE PORCO FRESCA
2 CEBOLAS MÉDIAS PICADAS
4 DENTES DE ALHO PICADOS
300 g DE CENOURAS RALADAS
4 PIMENTAS MALAGUETAS PICADAS OU A GOSTO
5 g DE COMINHO MOÍDO
5 g DE PIMENTA-DO-REINO MOÍDA
2 FOLHAS DE LOURO
10 g DE PÁPRICA DOCE
2 l DE ÁGUA
SAL A GOSTO
100 g DE FARINHA DE TRIGO
1 kg DE FARINHA DE MANDIOCA
300 ml DE ÓLEO PARA FRITAR
CHEIRO-VERDE PICADO A GOSTO

Lave bem os pés e as orelhas de porco e coloque para ferver com bastante água. Depois de cinco minutos, despreze a água e reserve.

Em uma panela de pressão, disponha a cebola, o alho, as cenouras a pimenta malagueta, as folhas de louro, o cominho, a pimenta-do-reino, o sal e a páprica, seguidos dos pés e orelhas escaldados e dois litros de água. Tampe e leve ao fogo alto até pegar pressão, então abaixe o fogo e cozinhe por meia hora. Desligue o fogo e espere perder a pressão. Retire as orelhas e deixe esfriar.

Devolva a panela com os pés de porco para o fogo, sem tampar, e vá cozinhando em fogo brando até que os ossos dos pés estejam se soltando da carne e o couro esteja bem macio. Caso preciso, adicione mais água aos poucos.

Enquanto isso, corte as orelhas cozidas em tiras finas, passe na farinha de trigo e frite aos poucos em óleo bem quente para que fiquem como pururuca. Reserve.

Separe meio litro do molho em que os pés cozinharam e deixe amornar. Quando estiver quase frio, vá adicionando a farinha de mandioca e mexendo até formar uma farofa úmida, mas ainda solta, ajuste o sal e adicione o cheiro-verde picado. Sirva os pés com a farofa e decore com o pururuca de orelha.

FAROFA
DE COUVE COM OVO E LINGUIÇA

80 g de linguiça picada em cubos

60 a 90 g (2 a 3 unidades) de ovos grandes, batidos levemente

80 g de folhas de couve cortadas em tiras finas (chiffonade)

Pimenta dedo-de-moça fresca, picada, a gosto

150 g de farinha de milho

Sal a gosto (cuidado, pois as carnes já são bastante salgadas)

Frite a linguiça em fogo baixo e, quando estiver crocante, adicione o ovo, mexendo o mínimo possível, até dourar levemente. Adicione sal, pimenta fresca e a couve, misturando até murchar levemente. Misture a farinha e mexa até incorporar os ingredientes. Retire do fogo e sirva.

DICA:
Essa farofa pode ser a base para muitas outras versões, sendo possível acrescentar ou substituir ingredientes. A linguiça, por exemplo, pode ser substituída por bacon, manteiga de garrafa e carne-seca desfiada, peito de peru defumado, queijo coalho e até tofu firme como opção para os veganos (neste caso, basta incluir uma gordura vegetal, como a de coco, por exemplo). Outros ingredientes que podem ser acrescentados a essa farofa são alho, cebola, feijão, queijo coalho, azeitonas, batata palha, cenoura ralada, cheiro-verde, salsinha, cebolinha verde e coentro. Também existem algumas versões que utilizam ovos cozidos, de galinha ou de codorna.

FAROFA
DE BACON, OVO, LINGUIÇA E CEBOLA

2 OVOS
50 g DE CEBOLA PICADA
50 g DE BACON SEM O COURO
50 g DE LINGUIÇA CALABRESA
200 g DE FARINHA DE MILHO OU DE MANDIOCA
SAL E PIMENTA-DO-REINO A GOSTO

Deixe os ingredientes preparados com antecedência: a cebola, o bacon e a linguiça devem ser picados em cubos pequenos.

Frite o bacon e a linguiça da forma que achar melhor e reserve. Na gordura da frigideira, abra o ovo num canto da frigideira, mexendo ligeiramente até cozinhar. Simultaneamente, sue a cebola no outro canto da frigideira. Quando o ovo estiver pronto, volte o bacon e a linguiça para a frigideira. Acrescente a farinha aos poucos, mexendo sempre, até incorporar tudo. Ajuste o tempero e sirva quente.

VARIAÇÕES:
→ *peito de peru defumado em cubos, ovos, peito de frango desfiado, cebola roxa;*
→ *bacon, abacaxi, frango defumado desfiado, cebola roxa;*
→ *abobrinha e cenoura em cubos, ervilha, milho, cebola;*
→ *pimentão, azeitonas verdes, cebola, salsinha.*

FAROFA
DE CEBOLA E QUEIJO BRANCO

100 g DE CEBOLA FATIADA
100 g DE QUEIJO BRANCO FIRME (MINAS FRESCAL, COALHO OU OUTROS QUE NÃO DERRETAM)
50 g DE MANTEIGA
30 ml DE ÓLEO VEGETAL
300 g DE FARINHA DE MANDIOCA, BRANCA OU TORRADA, OU DE MILHO
SAL E PIMENTA-DO-REINO A GOSTO

Pique a cebola e o queijo em cubos, e reserve-os. Numa frigideira grande, antiaderente, derreta metade da manteiga e adicione metade do óleo, refogue rapidamente a cebola e doure levemente os cubos de queijo, retire da frigideira e reserve. Adicione a manteiga e óleo restante, doure duas colheradas de farinha, mexendo sempre até levantar um aroma tostado, e vá acrescentando aos poucos a farinha restante, até incorporar tudo. Volte a cebola e o queijo para a frigideira, desligue o fogo e misture bem.

DICA:
→ *Essa receita pode ser vegana se preparada com tofu firme ou defumado. Para fazer com tofu firme, passe os cubos de tofu em farinha de trigo e doure-os na manteiga sem mexer, mas virando cuidadosamente. Siga os demais passos da receita.*
→ *Para usar queijo provolone, basta acrescentar o queijo em cubos assim que desligar o fogo.*

FAROFA
DE BANANA COM BACON

80 g DE BACON SEM O COURO PICADO EM CUBOS
100 g DE BANANA-NANICA OU BANANA-DA-TERRA CORTADA EM RODELAS
100 g DE FARINHA DE MANDIOCA TORRADA OU FARINHA DE MILHO
SAL A GOSTO (CUIDADO, POIS AS CARNES JÁ SÃO BASTANTE SALGADAS)

Frite o bacon da forma que achar melhor e, quando estiver crocante, adicione a banana, mexendo o mínimo possível, até dourar levemente. Misture a farinha e mexa até incorporar os ingredientes. Acrescente o sal e o restante da farinha, pouco a pouco, mexendo sempre.

> **EXISTEM INÚMERAS VERSÕES DE FAROFA DE BANANA E OUTROS INGREDIENTES. ESCOLHA UM DESSES INGREDIENTES PARA SUBSTITUIR O BACON: OVO, CEBOLA, QUEIJO, NOZES OU CASTANHAS, CARNE MOÍDA, CENOURA, LINGUIÇA, PEITO DE PERU DEFUMADO, MILHO VERDE, COCO FRESCO.**

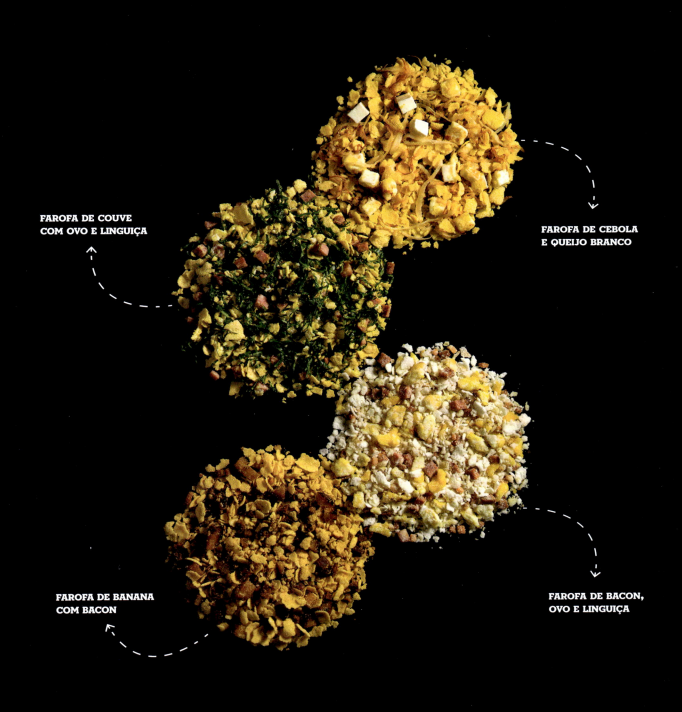

FAROFA

DE FARINHA DE ROSCA, TOMATE, AZEITONA E ERVAS

Esta receita é um bom exemplo de como as culturas de imigrantes se misturam bem no Brasil. A princípio, uma farofa "à moda italiana" pode parecer estranha, mas experimente servi-la acompanhando um bife à milanesa, à parmegiana ou rolê!

20 g DE MANTEIGA
60 g DE AZEITE DE OLIVA
5 g DE ALHO ESMAGADO
80 g DE FARINHA DE ROSCA
150 g DE FARINHA DE MANDIOCA FINA
150 g DE TOMATES PICADOS
60 g DE AZEITONAS VERDES PICADAS
10 g DE SALSINHA PICADA
5 g DE MANJERICÃO PICADO
30 g DE QUEIJO PARMESÃO RALADO
SAL E PIMENTA-DO-REINO A GOSTO

Numa frigideira funda, derreta a manteiga com o azeite em fogo baixo, misture o alho e a farinha de rosca, mexendo constantemente até dourar. Acrescente a farinha de mandioca aos poucos, mexendo sem parar. Quando ela estiver incorporada a toda a gordura, adicione os demais ingredientes até misturar bem, com cuidado para não queimar. Desligue o fogo e ajuste o tempero com sal e pimenta-do-reino. Sirva quente.

UTILIZANDO ESSA MESMA BASE DE MANTEIGA, AZEITE, ALHO E FARINHA DE ROSCA, É POSSÍVEL CRIAR OUTRAS RECEITAS, COM:

→ *Pimentão vermelho, azeitonas pretas, cebola e salsinha. Opcional: adicionar sardinha ou anchova salgada em conserva.*
→ *Berinjela, cebola, abobrinha, pimentão amarelo, tomate, salsinha e manjericão (ratatouille) ou adicionando uvas-passas (caponata).*
→ *Conserva de berinjela e/ou abobrinha.*
→ *Cebola caramelizada com alecrim e alho assado.*
→ *Uvas-passas e repolho roxo com noz-moscada e uma colher de sopa de vinagre de maçã, para finalizar.*

FAROFA
DE CARNE-SECA COM MAXIXE

Para fazer qualquer farofa de carne-seca ou charque, é necessário dessalgar antes. Coloque a carne cortada em cubos em água fria suficiente para cobri-la. Troque a água a cada duas horas, por aproximadamente 12 horas.

Depois, cozinhe a carne em água abundante até que fique macia.

80 g DE MANTEIGA DE GARRAFA
100 g DE CEBOLA PICADA
100 g DE CARNE-SECA DESFIADA OU CHARQUE CORTADO EM CUBOS PEQUENOS
150 g DE MAXIXES CORTADOS EM CUBOS
200 g DE FARINHA DE MANDIOCA
15 g DE COENTRO PICADO
PIMENTA A GOSTO
SAL A GOSTO

Aqueça a manteiga em fogo baixo e refogue a cebola até murchar. Acrescente a carne, deixando-a dourar levemente, e adicione o maxixe, mexendo até murchar. Adicione a farinha aos poucos, mexendo sempre até se misturar com os demais ingredientes. Tempere com o coentro, sal e pimenta a gosto.

VARIAÇÕES:
→ *substituir o maxixe por quiabo, abobrinha ou abóbora (moranga, paulista ou de pescoço) em cubos;*
→ *adicionar ovos;*
→ *substituir a carne por carne de sol, refogando-a diretamente em cubos, sem pré-cozinhar.*

FAROFA
FRIA

60 g (2 UNIDADES) DE OVOS COZIDOS PICADOS
100 g DE CEBOLA PICADA
150 g DE TOMATES PICADOS
50 ml DE AZEITE
15 ml DE VINAGRE
10 g DE CHEIRO-VERDE PICADO
SAL E PIMENTA-DO-REINO A GOSTO
300 g DE FARINHA DE MANDIOCA SECA

Misture bem todos os ingredientes, menos a farinha, ajustando os temperos. Adicione a farinha de mandioca e misture bem. Corrija o sal, se necessário, e sirva a farofa fria.

VARIAÇÕES:
→ *ovos, salame, tomate-cereja, azeitonas e salsinha;*
→ *damascos, uvas-passas, castanha-de-caju, amêndoas e talos de salsão;*
→ *repolho e cenoura ralados, maçã verde, uvas-passas e nozes;*
→ *ovos cozidos, cebola, cenoura ralada, espinafre, uma pitada de noz-moscada.*

FAROFA
DE MILHO FLOCADO COM GOIABADA CASCÃO E QUEIJO COALHO

80 g DE MANTEIGA SEM SAL
80 g DE QUEIJO COALHO CORTADO EM CUBOS
80 g DE GOIABADA CASCÃO CORTADA EM CUBOS
150 g DE FARINHA DE MILHO FLOCADA
SAL A GOSTO

Derreta a manteiga em fogo baixo e adicione a farinha, mexendo sempre por aproximadamente 2 minutos em fogo baixo, até que a farinha comece a dourar e tenha um agradável aroma tostado. Tempere com sal. Desligue o fogo e salpique os pedaços de queijo e goiabada alternadamente enquanto mistura aos poucos, mexendo sempre para que cozinhe apenas no calor residual. Retire da panela para que não desmanche por completo e sirva imediatamente.

FAROFA DE GOIABADA CASCÃO E QUEIJO COALHO

FAROFA DE CARNE-SECA COM MAXIXE

FAROFA DE FARINHA DE ROSCA, TOMATE, AZEITONA E ERVAS

FAROFA FRIA

FAROFA
DE PIRACUÍ COM BANANA-DA-TERRA

O piracuí ou farinha de peixe é feito com um tipo de peixe cascudo assado no moquém, no norte do país, especialmente na região de Santarém. Convém sempre separar espinhos e ossos antes de usá-lo.

500 g DE PIRACUÍ
1 BANANA-DA-TERRA MADURA, PICADA OU EM RODELAS
100 g DE CEBOLA MÉDIA CORTADA EM TIRAS (JULIENNE)
2 DENTES DE ALHO PICADO
1 PIMENTA DEDO-DE-MOÇA PICADA
4 COLHERES DE SOPA DE CEBOLINHA VERDE PICADA
50 ml DE MANTEIGA DE GARRAFA
SAL E PIMENTA-DO-REINO A GOSTO

Em uma frigideira funda, frite a banana em metade da manteiga de garrafa, até dourar. Reserve. Adicione o restante da manteiga e doure levemente o alho e a cebola, acrescente a pimenta e volte a banana para a frigideira. Adicione o piracuí, mexendo até incorporar todos os ingredientes. Retire do fogo. Tempere com sal, pimenta e cebolinha verde. Sirva quente.

FAROFA
DE SURURU COM DENDÊ

20 g DE AZEITE DE OLIVA
20 g DE AZEITE DE DENDÊ
100 g DE CEBOLA PICADA
5 g DE ALHO PICADO
50 g DE PIMENTÃO VERMELHO PICADO
15 g DE PIMENTA-DE-CHEIRO PICADA
250 g DE SURURU CATADO E COZIDO
150 g FARINHA DE MANDIOCA SECA
10 g DE COENTRO PICADO
SAL A GOSTO

Aqueça os azeites e refogue a cebola, o alho, o pimentão e a pimenta até murchar. Acrescente o sururu, mexendo para misturar bem com os temperos e, aos poucos, adicione a farinha, mexendo até incorporar todos os ingredientes. Tempere com sal e misture o coentro. Sirva quente.

VARIAÇÕES:
Esta receita pode ser feita também com siri catado ou caranguejo, bacalhau ou pirarucu hidratado e desfiado, camarão miudinho fresco ou seco, em vez de sururu. O dendê também pode ser substituído por manteiga ou azeite de oliva. Se quiser ousar, experimente substituir o dendê por bacon (picadinho e frito lentamente para soltar gordura), o sururu por siri catado, e o coentro por salsinha.

FAROFA
DE AVIÚ

Aviú é um pequeno camarão (pequeno mesmo, com menos de um centímetro de comprimento) que é salgado e seco, encontrado principalmente na região de Belém do Pará.

250 g de farinha d'água
240 ml de tucupi
60 g de azeite de oliva
100 g de cebola picada
5 g de alho picado
5 g de pimenta-de-cheiro picada ou cumari do pará esmagada, a gosto
80 g de aviú seco
30 g de jambu picado (opcional)
sal a gosto

Hidrate a farinha d'água com o tucupi, deixando descansar por uns 10 minutos. Em uma frigideira, refogue o alho, a cebola e a pimenta até murchar. Adicione o aviú e o jambu e refogue mais um pouco. Acrescente a mistura de farinha com tucupi, misturando bem. Ajuste o sal.

VARIAÇÃO:
Esta receita também pode ser feita com camarão seco miudinho ou médio picado, previamente dessalgado.

FAROFA
DE MIÚDOS E AZEITONA

100 g DE CORAÇÃO DE FRANGO
100 g DE FÍGADO DE FRANGO
50 ml DE ÓLEO VEGETAL
30 ml DE MANTEIGA
100 g DE CEBOLA PICADA
10 g DE ALHO PICADO
300 g DE FARINHA DE MANDIOCA OU DE MILHO
50 g DE AZEITONAS VERDES PICADAS (SEM CAROÇO)
SAL E PIMENTA-DO-REINO A GOSTO

Esfregue os miúdos com um pouco de sal e deixe descansar por uns minutos. Retire a gordura exterior do fígado e a veia do coração. Lave, escorra bem e pique.

Em uma frigideira média, aqueça o óleo e doure levemente os miúdos em fogo alto. Acrescente a cebola e o alho picados e deixe dourar. Tempere com sal e pimenta, acrescente as azeitonas e por último adicione a farinha, aos poucos, mexendo até incorporar todos os ingredientes.

DICA:
Caso deseje usar moela de frango, é necessário cozinhá-la separadamente, em água (temperada com alho, pimenta e sal), por pelo menos 30 minutos, para que sua textura fique macia. Essa receita também pode ser preparada com miúdos de pato ou peru.

FAROFA
DE AMEIXA SECA E CEBOLA QUEIMADA

100 g DE AMEIXAS SECAS SEM CAROÇO
300 g DE CEBOLA PICADA
20 g DE MANTEIGA SEM SAL
30 ml DE ÓLEO VEGETAL
200 g DE FARINHA DE MANDIOCA FINA
SAL A GOSTO

Numa frigideira, aqueça a manteiga e o óleo em fogo baixo e refogue a cebola até ficar escura e levemente queimada, mexendo sempre – esse processo demora uns 20 minutos ou mais, pois as cebolas primeiro caramelizam, depois começam a escurecer. Adicione as ameixas picadas, o sal e a farinha aos poucos, até misturar bem. Retire a farofa da panela para não queimar.

FAROFA
DE REPOLHO E BACON

A princípio, a farofa de repolho pode parecer sem graça, mas a reação do repolho com a gordura intensifica seu sabor adocicado. Se você quiser realmente ser surpreendido, substitua o bacon por gordura de pato.

80 g DE BACON PICADO EM CUBOS
20 g DE MANTEIGA SEM SAL
450 g DE REPOLHO CORTADO BEM FININHO
100 g DE FARINHA DE MANDIOCA TORRADA OU FINA
SAL A GOSTO (CUIDADO, POIS O BACON JÁ É BASTANTE SALGADO)

Frite o bacon em fogo baixo e, quando estiver crocante, adicione a manteiga e o repolho, deixando cozinhar uns minutos em fogo muito baixo. Misture metade da farinha e mexa até incorporar os ingredientes. Acrescente o sal e o restante da farinha, pouco a pouco, mexendo sempre. Antes de finalizar, prove novamente e, se necessário, ajuste o sal.

ESTA É UMA RECEITA MUITO VERSÁTIL E, PARA VARIAR, AQUI VÃO ALGUMAS OPÇÕES:
→ *substitua o repolho por acelga, repolho roxo, couve-flor;*
→ *substitua o bacon por gordura de pato, banha, peito de peru defumado, salsicha ou linguiça;*
→ *acrescente um ou mais dos ingredientes: ovo, cebola, cenoura, tempero verde, sementes de coentro em grãos, coentro fresco, raspas de laranja-baía, milho verde, ervilhas frescas, batata palha.*

FAROFA
DE NATAL E ANO-NOVO

No Brasil, existem alguns sabores que fazem parte das mesas de festas e ceias de Natal e de Ano-Novo. No arroz, na farofa ou nos acompanhamentos, sempre tem passas, fruta cristalizada, nozes, tâmaras, uvas, maçãs... ingredientes que, dependendo da família, são itens indispensáveis nessas celebrações. E por que não transformá-los em farofa?

30 g DE MANTEIGA
15 g DE ÓLEO VEGETAL
300 g DE FARINHA DE MANDIOCA FINA
SAL E PIMENTA-DO-REINO, BRANCA OU PRETA, A GOSTO

Prepare a farofa normalmente e acrescente uma das sugestões de preparo e mistura dos ingredientes apresentadas ao lado para finalizar ou compor a receita.

→ *Refogue meia cebola picada e 30 g de nozes no início do preparo da farofa e, para finalizar, adicione uma maçã verde previamente picada e passada em gotas de limão e 2 talos de salsão picado.*

→ *Refogue 200 g de abacaxi picado (in natura ou conserva) para tirar um pouco da umidade e, após acrescentar a farinha, misture 100 g de frango defumado ou tender desfiado. Retire do fogo e misture 50 g de batata palha fininha.*

→ *Refogue meia cebola picada e 200 g de frutas secas da sua preferência (damascos, uvas-passas, figo seco, laranja cristalizada). Continue o preparo da farofa normalmente.*

→ *Refogue 100 g de frutas secas de sua preferência (damascos, figo seco, uvas-passas, tâmaras) na manteiga e óleo. Finalize normalmente com a farinha, acrescentando 100 g de castanhas ou nozes de sua preferência (castanha-de-caju, nozes, amêndoas, amendoim).*

FAROFAS PARA RECHEAR

As farofas como recheio devem estar em harmonia com o elemento recheado, complementando suas características e dando sustentação física. Carnes magras requerem farofas mais gordas, e vice-versa. Aproveitar aparas e miúdos também é importante. E, fundamentalmente, os sucos de cozimento serão absorvidos pela farofa.

FAROFA
DE MIÚDOS PARA RECHEAR AVES

O modo tradicional de preparar aves no Brasil consiste em recheá-las com farofa feita com seus próprios miúdos. No entanto, quando não são suficientes, costuma-se comprar miúdos de frango (fígado, coração, moela) para complementar a receita.

50 g DE MANTEIGA SEM SAL
1 DENTE DE ALHO ESMAGADO
250 g DE MIÚDOS (PRÉ-COZIDOS E PICADOS)
250 g DE FARINHA DE MANDIOCA OU DE MILHO
1 OVO COZIDO COM A GEMA DURA, PICADO
2 COLHERES DE CEBOLINHA VERDE PICADA
SAL E PIMENTA-DO-REINO BRANCA A GOSTO

Derreta a manteiga numa frigideira em fogo baixo, refogue o alho por uns segundos e, na sequência, os miúdos, deixando dourar levemente. Acrescente a farinha aos poucos, mexendo sempre. Desligue o fogo e adicione o ovo e a cebolinha. Ajuste o tempero com sal e pimenta e deixe esfriar antes de rechear a ave.

VARIAÇÕES:
→ *Para quem não gosta de miúdos, basta substituí-los por carne moída refogada ou linguiça.*
→ *Adicionando outros ingredientes, como cebola, cenoura e salsão, ou ervas, como alecrim, sálvia ou salsinha, obtêm-se sabores que combinam muito bem com aves em geral.*
→ *Também é comum encontrar recheios incluindo tipos de nozes ou castanhas, como castanha-de--caju, noz-pecã, pinhão, pistache, amendoim, castanha-do-pará, castanha portuguesa e amêndoa. Considere 75 g para a receita.*

GALETO RECHEADO COM FAROFA DE MIÚDOS

FAROFA
DE CAMARÃO PARA RECHEAR PEIXES E FRUTOS DO MAR

A farofa de camarão é perfeita para rechear peixes e frutos do mar de carnes delicadas e sabores suaves, como linguado, pescada branca, lula e ostra gratinada, pois os sabores se complementam e o tempo de cocção é similar. Os peixes podem ser recheados inteiros ou em filés enrolados com a farofa antes de assar, ou a farofa pode ser usada simplesmente para cobri-los e proteger sua carne ao assar.

COMO OPÇÃO DE SABORES COMPLEMENTARES, PODE-SE ACRESCENTAR UMA ERVA, COMO ALFAVACA, MANJERICÃO, SALSINHA OU ALCAPARRAS, OU PALMITO, OU TOMATES. NO ENTANTO, É IMPORTANTE LEMBRAR QUE QUALQUER UM DESSES INGREDIENTES DEVE SER UTILIZADO COM MUITA PARCIMÔNIA PARA NÃO ROUBAR O DELICADO SABOR DO RECHEIO E DOS PEIXES. PARA ESSA RECEITA, USE ATÉ 1 COLHER DE SOPA DO INGREDIENTE ESCOLHIDO.

PARA RECHEAR LULAS, PODE-SE SUBSTITUIR TOTAL OU PARCIALMENTE O CAMARÃO POR BRAÇOS E TENTÁCULOS DE LULA PICADOS.

15 ml DE SUCO DE LIMÃO (CRAVO, TAITI OU SICILIANO) OU VINHO BRANCO SECO

1 DENTE DE ALHO AMASSADO

5 g DE SAL

1 PITADA DE PIMENTA-DO-REINO BRANCA MOÍDA NA HORA

200 g DE CAMARÃO FRESCO, LIMPO E EVISCERADO

20 g DE MANTEIGA SEM SAL OU AZEITE DE OLIVA

250 g DE FARINHA DE MANDIOCA

Faça uma pasta com o alho esmagado, o sal e a pimenta. Pique o camarão bem miudinho, misture com o tempero e o suco de limão e reserve sobre um escorredor, para eliminar o máximo de água possível.

Prepare a farofa dourando a farinha na manteiga em fogo baixo e mexendo sempre, para não tostar. Retire do fogo e deixe esfriar.

Misture o camarão escorrido com a farofa na hora de rechear, para evitar que absorva muita umidade.

FAROFA
DE OVAS DE TAINHA PARA RECHEAR PEIXES

A ova de tainha é atualmente considerada uma iguaria, especialmente quando salgada e curada, chamada de bottarga. No entanto, no litoral catarinense ela faz parte da mesa dos pescadores, que esperam ansiosamente a temporada da tainha no outono para saboreá-la frita, assada, ralada sobre uma massa ou um risoto, ou para preparar uma saborosa farofa, que pode ser consumida pura ou utilizada para rechear o próprio peixe.

30 g DE MANTEIGA SEM SAL
100 g DE CEBOLA PICADA FINAMENTE
200 g DE OVAS DE TAINHA FRESCAS E SEM PELE
200 g DE FARINHA DE MANDIOCA FINA
3 FOLHAS DE ALFAVACA PICADAS
1 COLHER DE SOPA DE CHEIRO-VERDE PICADO
1 PITADA DE ORÉGANO
LIMÃO, PIMENTA, COMINHO E SAL A GOSTO

Numa frigideira, em fogo médio, derreta metade da manteiga e refogue a cebola até murchar. Disponha as ovas sobre a frigideira e deixe dourar por uns 2 minutos de cada lado. Retire a frigideira do fogo para não queimar e, aproveitando o calor residual, esmague as ovas com a ajuda de um garfo, para esfarelar bem e terminar de cozinhar. Retire-as da frigideira e reserve. Derreta a manteiga restante e junte farinha aos poucos, mexendo até incorporar bem a manteiga. Volte as ovas para a frigideira, desligue o fogo, acrescente a alfavaca, o cheiro-verde e o orégano, mexendo até misturar tudo. Deixe esfriar e prepare o peixe, limpando seu interior em água corrente e esfregando limão, pimenta, cominho e sal para temperar. Deixe agir por uns minutos, enquanto prepara a farofa e, antes de rechear, seque bem com o auxílio de um papel-toalha. Recheie o peixe com a farofa e asse como preferir: no forno, na churrasqueira ou enrolada em folha de bananeira sobre uma grelha.

OVA DE TAINHA

A BOLSA COM OVAS DE TAINHA VEM EM PARES E PODE PESAR DE 100 g A 400 g, PERDENDO DE 40% A 50% DE SEU PESO APÓS O COZIMENTO. PORÉM, PARA OS PESCADORES, A MEDIDA É SEMPRE UMA BOLSA DE OVAS PARA RECHEAR UMA TAINHA, SEM MUITO RIGOR NA MEDIÇÃO, NUMA PROPORÇÃO NATURAL. OU SEJA, UMA TAINHA OVADA PESA EM MÉDIA 2 kg, SENDO 200 g DE OVA, APROXIMADAMENTE. SE HOUVER POUCAS OVAS, COMPLEMENTE A FAROFA COM OVOS COZIDOS PICADOS.

TAINHA RECHEADA COM FAROFA DE OVAS DE TAINHA

SARDINHA EM CROSTA DE FAROFA

FAROFA
PARA CROSTA DE SARDINHA

30 ml DE AZEITE DE OLIVA
2 DENTES DE ALHO ESMAGADOS
½ PIMENTA DEDO-DE-MOÇA, SEM SEMENTE, FINAMENTE PICADA
200 g DE FARINHA DE MANDIOCA BIJU OU FARINHA DE ROSCA GROSSA
3 COLHERES DE SOPA DE SALSINHA FINAMENTE PICADA
SAL A GOSTO
4 SARDINHAS INTEIRAS

Numa frigideira, em fogo baixo, refogue ligeiramente o alho no azeite, adicione a pimenta e, aos poucos, a farinha, mexendo constantemente até dourar. Retire do fogo e acrescente a salsinha, tempere com sal e deixe esfriar.

Abra as sardinhas em borboleta (sem a cabeça e com o rabo), lave e seque bem, espalhe a farofa por cima e leve à frigideira, ao forno, à grelha ou à churrasqueira para assar.

ESTA FAROFA PODE SER UTILIZADA PARA CROSTA DE FILÉS DE PEIXE ASSADOS E PARA VEGETAIS ASSADOS, RECHEADOS OU NÃO, COMO COGUMELOS, ABOBRINHAS, TOMATES E BERINJELAS. PARA VEGETAIS, PODE-SE ADICIONAR QUEIJO PARMESÃO RALADO. É EXCELENTE TAMBÉM PARA FORMAR CROSTA EM CARNES DELICADAS, COMO CARRÉ DE CORDEIRO E BISTECA DE PORCO.

DICA:
Para maior aderência da crosta no alimento, bata uma clara de ovo e pincele sobre o peixe, antes de colocar a crosta por cima.

FAROFA
DE FOLHA DE TAIOBA PARA RECHEAR PEIXES ASSADOS

Originária das Antilhas e América Central, a taiá ou taioba é cultivada especialmente em regiões úmidas e tem muita importância na cozinha caiçara. A folha de taiá deve ser sempre previamente cozida (escorrer e descartar a água utilizada), para tirar o excesso de oxalato de cálcio – substância que pode irritar a mucosa da boca ou da garganta.

30 g DE MANTEIGA (OU AZEITE DE OLIVA)
½ CEBOLA PICADA
1 DENTE DE ALHO AMASSADO
200 g DE FARINHA DE MANDIOCA
2 FOLHAS DE TAIOBA, PICADAS EM TIRINHAS, COZIDAS PREVIAMENTE
SAL A GOSTO
PIMENTA-DE-CHEIRO PICADA A GOSTO

Numa frigideira funda, em fogo baixo, derreta a manteiga e refogue ligeiramente o alho. Adicione a farinha aos poucos, mexendo sempre, e vá acrescentando a taioba até incorporar todos os ingredientes. Tempere com sal e pimenta-de-cheiro a gosto.

COMO A TAIOBA TAMBÉM PODE SER ENCONTRADA NO INTERIOR, EM MINAS GERAIS COSTUMA SER PREPARADA COM BACON E FARINHA DE MILHO, PODENDO SER UTILIZADA PARA RECHEAR BARRIGA DE PORCO E LEITÃO ASSADO OU COMO ACOMPANHAMENTO.

FAROFA

PARA RECHEAR CARNES COM ALTO TEOR DE GORDURA

Rechear carnes de alto teor de gordura com farofa é uma forma de não desperdiçar os sabores essenciais da carne, como sua gordura e sucos. Algumas carnes gordas perfeitas para rechear são barriga de porco, leitão e cupim. No entanto, antes de rechear, sugerimos marinar a carne de 12 a 24 horas antes em vinha d'alhos, batendo no liquidificador alguns dentes de alho, vinho branco seco, sal e temperos de sua preferência.

UMA PEÇA DE CARNE GORDA DE ATÉ 4 kg PREVIAMENTE MARINADA E ABERTA EM MANTA
200 g DE CEBOLA PICADA
1 DENTE DE ALHO FINAMENTE PICADO
½ MAÇO DE CHEIRO-VERDE
SAL E PIMENTA-DO-REINO A GOSTO
300 g DE FARINHA BIJU, DE MANDIOCA OU DE MILHO
200 g DE LEGUMES OU CARNE CRUA, CORTADOS EM CUBOS PEQUENOS
1 PIMENTA DEDO-DE-MOÇA (OPCIONAL), PICADA, SEM SEMENTES

Numa tigela funda, misture a cebola, o alho, as ervas e a pimenta. Adicione a farinha, misture bem, e ajuste o tempero. Reserve.

Retire a carne da marinada e seque bem, com o auxílio de um papel-toalha.

Espalhe a farofa por cima da carne sem chegar às bordas e, sobre ela, coloque a carne ou os legumes picados. Enrole e amarre com um barbante.

Leve para assar em forno preaquecido, em temperatura baixa, por um tempo prolongado, de acordo com o tamanho da peça.

DICA:
Experimente substituir o vinho da marinada por cerveja.

PANCETA SUÍNA RECHEADA COM FAROFA PARA CARNES COM ALTO TEOR DE GORDURA

FAROFA
PARA RECHEAR CARNES MAGRAS

As carnes com pouco teor de gordura, como lombo suíno, lagarto, matambre, filé-mignon, alcatra, maminha e cordeiro novo, em geral ressecam se assadas. Um bom recheio não só ajuda a manter a umidade, mas também acrescenta sabor e pode deixar a carne mais macia.

1 DENTE DE ALHO, ESMAGADO
SAL E PIMENTA-DO-REINO A GOSTO
50 g DE MANTEIGA SEM SAL
200 g DE CEBOLA PICADA
1 TALO DE SALSÃO PICADO BEM MIUDINHO
50 g DE CENOURA RALADA
200 g DE FARINHA DE MANDIOCA OU DE MILHO
100 g DE TOMATE PICADO, SEM PELE E SEM SEMENTE

Prepare a carne a ser recheada com o corte mais conveniente para a peça (borboleta, manta). Tempere com alho, sal e pimenta-do-reino a gosto. Reserve.

Prepare a farofa em uma frigideira funda, refogando o alho, a cebola, a cenoura e o salsão na manteiga, mexendo até murchar. Adicione a farinha aos poucos até misturar tudo, retire do fogo e acrescente o tomate picado. Deixe esfriar e espalhe a farofa sobre a carne, sem chegar até a beirada da carne. Enrole a carne e amarre com barbante, ou envolva em papel-alumínio ou papel-manteiga para manter seu formato. Leve para assar em forno pré-aquecido de acordo com tempo e temperatura adequados à carne e ao ponto de sua preferência.

ESTA É MAIS UMA DAQUELAS RECEITAS DE INFINITAS VARIEDADES. PORÉM, VAMOS SUGERIR ALGUNS POSSÍVEIS INGREDIENTES E SUGESTÕES ESPECÍFICAS. O IMPORTANTE, AO SUBSTITUIR OU ADICIONAR INGREDIENTES, É ATENTAR PARA A CONSISTÊNCIA FINAL DA FAROFA, VERIFICANDO SE SERÁ NECESSÁRIO ADICIONAR MAIS FARINHA.

→ *Usar 100 g de bacon ou linguiça picados e refogá-los no início do preparo da farofa, até ficar crocante, e então seguir com o restante da receita, reduzindo a quantidade de manteiga pela metade.*

→ *Acrescentar 100 g do queijo de sua preferência picado em cubos, quando a farofa estiver fria, misturando na hora de rechear a carne.*

→ *Substituir o tomate por uvas-passas, damascos picados, ameixa seca, maçãs ou abacaxi picado.*

PARA AMBAS AS FAROFAS DE RECHEAR CARNES, INDEPENDEN-TEMENTE DO CORTE, SEGUE AQUI UMA LISTA DE VARIEDADES:

→ *Acrescentar 100 g de oleaginosas, como nozes, castanhas-do-pará, amêndoas, castanhas-de-caju, pinhões de araucária ou de pinheiro português (pinoli) e castanhas-de-baru.*

→ *Incluir 100 g de cogumelos frescos, como shitake, paris, portobello ou cogumelos secos previamente hidratados.*

→ *Adicionar uma das ervas aromáticas, como alecrim, manjericão, salsinha, cebolinha, orégano, tomilho e coentro.*

→ *Substituir parte da gordura da farofa ou adicionar um dos molhos à base de ervas, como pesto, chimichurri e gremolata.*

→ *Para cortes suínos, sugerimos combinar um elemento adocicado ou ácido com ervas, como tomilho-limão, sálvia ou alecrim, ou ameixas secas e nozes com alecrim, ou maçãs com sálvia, ou abacaxi com tomilho-limão.*

→ *Para carnes bovinas, sugerimos uma versão com queijo e manjericão, outra com bacon, cogumelos e tomilho, e outra adicionando uma colher de sopa de gremolata na farofa, depois de pronta.*

→ *Para o matambre, sugerimos uma combinação de queijo provolone, linguiça e pinhões, substituindo a cebola branca por roxa e usando uma folha de louro durante o preparo da farofa (retirar antes de rechear). Também é possível substituir metade da manteiga por azeite de oliva e uma mistura de ervas, tipo chimichurri, à base de salsinha, hortelã, tomilho, orégano, pimenta-do-reino e folha de louro moída, ou adicionar a frio na farofa queijo parmesão, azeitonas e pimentões em conserva picados, e uma colher de sopa de molho chimichurri.*

→ *Para o cordeiro, adicionar 150 g de pinhões cozidos e picados na farofa-base.*

→ *Para o lagarto ou cupim, adicionar 200 g de bacon e linguiça.*

PAÇOCAS

"É intrínseco da formação cultural do homem tropeiro o ato de pilar. A paçoca, salgada ou doce, só existe pela falta histórica da refrigeração. E por que ainda a comemos?! É a memória pré-avó. O símbolo atravessa gerações, e a gastronomia se justifica por conta da história. Paçocas tropeiras dão origem a farofas, elas nascem daí. Traçando ao longo das gerações o caráter identitário da cozinha caipira, sertaneja e de raiz."
(Paulo Machado)

PAÇOCA
DE CARNE

Esta é uma paçoca muito comum no interior de São Paulo, feita em grandes pilões de madeira. É uma forma de preservar a carne por semanas, sendo uma refeição que se completa adicionando uma banana em rodelas ou inteira, com a mão, mergulhada a cada bocado na paçoca. Serve também como mistura para um prato de arroz e feijão.

500 g DE CARNE BOVINA OU SUÍNA EM CUBOS
4 DENTES DE ALHO AMASSADOS
PIMENTA-DO-REINO PRETA MOÍDA A GOSTO
SAL A GOSTO
30 g DE BANHA
2 CEBOLAS MÉDIAS PICADAS
500 g DE FARINHA DE MILHO OU MANDIOCA

Tempere a carne com o alho, a pimenta e o sal, e deixe repousando para pegar o tempero, idealmente de véspera, na geladeira. Em uma panela, derreta a banha e refogue a cebola, então frite bem a carne, deixando que ela doure em todos os lados e cozinhe muito bem, adicionando água, se necessário, até que esteja bem macia. Deixe esfriar. Em um pilão de madeira, coloque metade da farinha, a carne com a gordura e soque vigorosamente, adicionando aos poucos o restante da farinha.

DICA:
Caso não tenha um pilão grande, bata no processador ou liquidificador a farinha e a carne em pequenas porções, pulsando só o suficiente para desfiar a carne. Caso queira que a paçoca se conserve por mais tempo, volte para a panela em fogo baixo, mexendo até que esteja bem seca.

PAÇOCA
DE CARNE-SECA

A carne-seca já passou por um processo de conservação com a salga e a cura. A paçoca de carne-seca costuma ser ainda mais duradoura. Tradicionalmente, é feita com farinha de mandioca. Nesta versão, o uso da manteiga de garrafa acentua ainda mais o sabor nordestino da receita.

500 g DE CARNE-SECA CORTADA EM CUBOS
2 CEBOLAS MÉDIAS PICADAS
2 DENTES DE ALHO
500 g DE FARINHA DE MANDIOCA
30 ml DE MANTEIGA DE GARRAFA

Corte a carne em cubos e deixe de molho em água abundante. Troque-a a cada 3 horas por um dia. Cozinhe a carne demolhada em água até que esteja macia. Escorra e deixe esfriar. Desfie-a com as mãos ou pilando com a farinha de mandioca (ou ainda no pulsar do processador). Em uma panela, frite bem a cebola e o alho na manteiga, até que estejam dourados. Acrescente a carne com farinha e frite em fogo brando para que perca a umidade. Experimente com jerimum cozido.

PAÇOCA
DE TORRESMO

Esta paçoca pode ser feita com os torresmos que sobrarem de uma feijoada, por exemplo (muito improvável, mas possível).

1 kg DE BARRIGA DE PORCO CORTADA PARA TORRESMO
SAL A GOSTO
5 g DE PIMENTA CALABRESA EM FLOCOS OU A GOSTO
500 g DE FARINHA DE MANDIOCA OU MILHO

Tempere a barriga com sal e deixe repousar por meia hora. Aqueça uma panela funda e coloque a barriga para cozinhar em fogo brando, mexendo sempre, com cuidado, pois ela pode espirrar. O torresmo vai soltar muita gordura e começar a dourar. Frite até que esteja bem crocante, mas sem queimar. Retire o torresmo da gordura, mas reserve-a. Quando estiver frio, bata o torresmo no pilão ou processador com a farinha e volte a panela para secar com cerca de 50 ml da gordura reservada e a pimenta calabresa. Ajuste o sal.

PAÇOCA
DE PINHÃO

Esta é uma receita de família (Daniela), ensinada por meu querido tio Altair Medeiros, dentista de profissão e cozinheiro por paixão, Medeiros de nascimento e Narciso de coração.

Apesar de chamarmos de paçoca, atualmente esta receita dispensa o uso do pilão.

30 g DE BANHA
100 g DE BACON PICADO BEM MIUDINHO
200 g DE CEBOLA FINAMENTE PICADA
250 g DE LINGUIÇA DEFUMADA, TIPO BLUMENAU, PROCESSADA
300 g DE FRESCAL,[1] PICADO BEM FININHO NA FACA
500 g DE PINHÃO COZIDO, DESCASCADO, PILADO OU PROCESSADO

Numa panela grande, em fogo médio, frite o bacon com a banha até ficar crocante. Retire o bacon da panela e refogue a cebola na gordura até murchar. Em seguida, acrescente a linguiça, refogue por alguns minutos até a gordura desmanchar e então adicione o frescal. Assim que todas as carnes estiverem douradas, despeje o pinhão e mexa bem até incorporar todos os ingredientes. Por último, volte o bacon para a panela e mexa até misturar bem. Sirva quente.

DICA:
Algumas versões dessa receita levam também carne moída, bovina ou suína como mais um ingrediente, na mesma quantidade da linguiça. Caso não haja pinhão suficiente, pode-se completar essa paçoca com farinha de mandioca, adicionando-a ao final do preparo. Além dos ingredientes acima, podem-se acrescentar pimentões verdes picados, cheiro-verde, salsinha ou cebolinha.

---

[1] O FRESCAL, TÍPICO DA REGIÃO SERRANA DO SUL DO BRASIL, É UMA CARNE SALGADA E DEIXADA AO AR FRESCO, DE PREFERÊNCIA NO SERENO, POR UMA NOITE. A PROPORÇÃO DE SAL PARA A CARNE É DE 4%.

FAROFAS DE FARNEL

As farofas de farnel são comuns em todo o Brasil por serem de fácil preparo, econômicas – pois com pouca proteína se alimenta um batalhão de gente –, por aumentarem a durabilidade da carne, por serem fáceis de transportar e, principalmente, por servirem como um prato único.

Tá com pressa? Faz uma farofa de qualquer coisa que é um prato gostoso, rápido e alimenta.

Chegou mais gente para comer? Transforma o prato principal em farofa.

Sobrou carne assada de panela? Faz uma roupa-velha para o almoço do dia seguinte.

Para mim (Daniela), a melhor representação da farofa de farnel é a galinha com farofa, que enche a boca d'água e conforta meu coração só de pensar nela, pois faz parte de muitos momentos felizes da minha infância.

GALINHA
COM FAROFA

NOTA DA AUTORA
No início das férias ou em feriados prolongados, a família Narciso descia a serra catarinense rumo ao litoral (vale ressaltar que meus avós paternos tiveram 13 filhos e 33 netos). Viajávamos em caravana com vários carros e uma criançada faminta, que, como eu, nem sequer notava as dificuldades do caminho e apenas sonhava com aquele momento da parada à beira da estrada, onde, sob as araucárias, montávamos um acampamento para comer a deliciosa farofa com galinha preparada por várias mãos, coordenadas pela santa Vó Conceição. Era uma alegria só! Hoje, minhas tias Tite e Rita continuam preparando a melhor galinha com farofa que conheço, empate unânime na família Narciso – embora a receita seja a mesma, cada uma delas diz que a receita da outra é a melhor. Confesso que continuarei provando e acreditando que a melhor é aquela que eu estiver comendo naquele momento.

1 GALINHA GRANDE INTEIRA, DE APROXIMADAMENTE 2 kg
6 DENTES DE ALHO PICADOS
SUCO DE UM LIMÃO
SAL E PIMENTA-DO-REINO A GOSTO
30 ml DE ÓLEO VEGETAL
4 CEBOLAS GRANDES PICADAS
4 TOMATES FRESCOS PICADOS, SEM PELE, COM SEMENTE
2 FOLHAS DE LOURO (OPCIONAL)
FARINHA DE MANDIOCA BRANCA, FINA, APROXIMADAMENTE 1 kg
4 OVOS COZIDOS COM A GEMA DURA
1 MAÇO DE CHEIRO-VERDE PICADO (SALSINHA E CEBOLINHA)
100 g DE AZEITONAS VERDES PICADAS, SEM CAROÇO

Lave o frango e corte-o em 24 pedaços (cada asa em três partes; coxas e sobrecoxas ao meio; cada peito em quatro partes; mais o pescoço, a sambiquira ou curanchim). Tempere os pedaços com dois dentes de alho, sal, pimenta e limão. Deixe descansar uns minutos.

Numa panela de ferro grande, em fogo alto, aqueça o óleo e frite os pedaços de frango aos poucos (de quatro a seis pedaços por vez), deixando que solte a própria gordura, até ficar bem dourada e sequinha. Retire e reserve.

Na gordura residual, refogue ligeiramente quatro dentes de alho, depois a cebola, até murchar. Adicione os tomates e o louro, deixe murchar, volte o frango para a panela e deixe cozinhar no próprio molho, com a panela tampada, mas mexendo de vez em quando. O resultado deve ser um molho encorpado, mais seco do que o de um frango ensopado, e o ponto de cozimento é atingido quando a carne começa a se soltar do osso. Então, retire o frango da panela, se necessário reduza um pouco mais o caldo, desligue o fogo e acrescente um pouco da farinha, mexendo sempre para não formar um pirão, raspando todo o fundo da panela, até ficar quase limpa.

Vire essa mistura sobre uma bacia grande, coloque pedaços de frango ainda quentes e vá adicionando mais farinha aos poucos, até chegar a uma consistência ideal.

Acrescente os ovos cozidos, tempero verde e azeitonas, ajuste o sal e volte para a panela de ferro ainda quente, cobrindo-a com uma tampa de alumínio para não abafar demais e evitar que o suor da farofa a transforme em pirão.

Enrole num pano grosso e amarre a panela para viagem. Ela deve permanecer aquecida por cerca de 4 horas.

UMA VERSÃO DESTA RECEITA É PREPARAR A FAROFA COM O QUE SOBROU DO FRANGO ENSOPADO DO DIA ANTERIOR, REDUZINDO SEU CALDO E ADICIONANDO A FARINHA DE SUA PREFERÊNCIA.

OUTRAS VERSÕES TAMBÉM PODEM SER PREPARADAS A PARTIR DE OUTROS FRANGOS ENSOPADOS, COMO FRANGO COM ORA-PRO-NOBIS, XINXIM DE GALINHA, FRANGO COM QUIABO, FRANGO COM LEGUMES, FRANGO ENSOPADO NA CERVEJA PRETA COM AMEIXA, ENTRE OUTROS.

FAROFA
DE PEIXE SECO COM BANANA-DA-TERRA

Secar peixes com sal sobre telhados ou em varais é uma tradição tão presente na cozinha caiçara, pantaneira e amazônica quanto as farofas e a banana. Criamos aqui uma receita de farnel inspirada nesses três ingredientes, que pode ser feita com sororoca, cavala, tainha, carapau, pintado, pacu ou pirarucu, dependendo da região em que você estiver.

20 g DE MANTEIGA SEM SAL
1 BANANA-DA-TERRA MADURA CORTADA EM RODELAS
15 ml DE AZEITE DE OLIVA
250 g DE PEIXE SECO DESSALGADO E DESFIADO
1 DENTE DE ALHO
100 g DE CEBOLA PICADA
1 PIMENTA-DE-CHEIRO PICADA, SEM SEMENTES
200 g DE FARINHA DE MANDIOCA SECA OU D'ÁGUA
1 COLHER DE SOPA DE CHEIRO-VERDE OU COENTRO
SAL A GOSTO

Em uma frigideira antiaderente, derreta a manteiga e doure as rodelas de banana. Retire da frigideira e reserve. Se necessário, raspe o fundo da frigideira para remover os resíduos e não queimar. Em seguida, refogue o peixe no azeite de oliva até ficar bem sequinho. Acrescente o alho, a cebola e a pimenta, mexendo até murchar. Aos poucos, adicione a farinha, misturando bem até incorporar todos os ingredientes. Volte a banana para a mistura e mexa até aquecê-la novamente. Retire do fogo e acrescente o cheiro-verde. Ajuste o tempero, se necessário.

VARIAÇÃO:
→ *Adicionar dois ovos mexidos ou substituir a banana pelos ovos.*

FAROFA DE PEIXE SECO COM BANANA-DA-TERRA

FAROFA DO PESCADOR

FAROFA
DO PESCADOR

Quase uma moqueca em forma de farofa, é importante hidratar a farinha a frio para que não vire um pirão com os líquidos que os frutos do mar soltam durante o cozimento.

500 g DE MARISCOS
50 ml DE AZEITE DE OLIVA, OU METADE DE AZEITE DE OLIVA E METADE DE DENDÊ
4 DENTES DE ALHO PICADOS
2 CEBOLAS MÉDIAS PICADAS
1 PIMENTÃO VERMELHO PICADO
400 g DE CAMARÃO LIMPO
300 g DE LULA EM ANÉIS E TENTÁCULOS
2 TOMATES MADUROS EM CUBOS
COENTRO PICADO A GOSTO
2 RECEITAS DA FAROFA D'ÁGUA (VER P. 36)
SAL E PIMENTA-DO-REINO A GOSTO

Cozinhe os mariscos no vapor e retire-os da casca. Em uma panela, refogue o alho, a cebola e o pimentão no azeite. Adicione os camarões, a lula e os mariscos, e refogue ligeiramente. Ajuste os temperos e desligue o fogo. Adicione os tomates e o coentro. Misture. Incorpore a farofa d'água e sirva.

FAROFA
DE BACALHAU COM GRÃO-DE-BICO

O bacalhau com grão-de-bico é um clássico da cozinha portuguesa, frequentemente servido com uma crosta crocante de broa de milho torrada. Inspirados nessa tradicional receita, criamos esta farofa que substitui a broa por farinha de milho biju.

250 g DE GRÃO-DE-BICO
1 FOLHA DE LOURO
SAL A GOSTO
2 CEBOLAS MÉDIAS FATIADAS (JULIENNE)
4 DENTES DE ALHO FATIADO
1 PIMENTA DEDO-DE-MOÇA PICADA
50 ml DE AZEITE DE OLIVA
PIMENTA-DO-REINO MOÍDA A GOSTO
500 g DE BACALHAU DESFIADO DESSALGADO
300 g DE FARINHA DE MILHO BIJU
SALSINHA PICADA A GOSTO
2 COLHERES DE AZEITE DE OLIVA EXTRAVIRGEM

Deixe o grão-de-bico de molho na véspera. Cozinhe em uma panela de pressão com água e a folha de louro até que esteja cozido, sem deixar os grãos desmancharem. Escorra, tempere com sal e reserve.

Em uma panela grande, frite a cebola, o alho e a pimenta dedo-de-moça no azeite até que comecem a dourar. Adicione o bacalhau dessalgado e refogue até quase secar. Junte a farinha de milho e o grão-de-bico escorrido e continue fritando até que a farofa esteja bem cozida. Finalize com a salsinha picada e o azeite extravirgem.

FAROFA DE BACALHAU COM GRÃO-DE-BICO

FAROFA DE PATO CROCANTE COM MAÇÃS E REPOLHO

FAROFA
DE PATO CROCANTE COM MAÇÃS E REPOLHO

Esta é uma receita daquelas que você só acha que faz sentido depois que come. A gordura de pato é uma das mais saborosas do reino animal e seria um desperdício não a utilizar para fazer farofa. Assim, unimos alguns ingredientes que acreditamos combinarem perfeitamente. Apesar de trabalhosa, o resultado é uma farofa de farnel com sotaque francês, digna de ocasiões especiais.

4 COXAS COM SOBRECOXA DE PATO
2 DENTES DE ALHO CORTADOS AO MEIO
15 g DE SAL GROSSO
PIMENTA-DO-REINO MOÍDA NA HORA
600 g DE GORDURA DE PATO (OU BANHA DE PORCO)
2 RAMOS DE TOMILHO-LIMÃO
1 REPOLHO ROXO PEQUENO (400 g)
4 MAÇÃS
1 CEBOLA GRANDE FINAMENTE PICADA
2 DENTES DE ALHO PICADOS
3 g DE QUATRE-ÉPICES (UM TEMPERO FRANCÊS À BASE DE PIMENTA-DO-REINO, GENGIBRE, CRAVO E NOZ-MOSCADA, EM PÓ)
400 g DE FARINHA DE MANDIOCA FINA
SAL E PIMENTA-DO-REINO A GOSTO

Comece preparando o *confit* de pato: esfregue a parte interna das coxas com meio alho cada uma, depois passe o sal grosso e pimenta-do-reino moída na hora. Ajeite as coxas numa bacia, juntando a parte interna de duas coxas com o alho e um ramo de alecrim entre elas, bem apertado para pegar sabor. Deixe descansar por uma noite.

Em uma panela média, de ferro ou fundo grosso, que possa ir ao forno, disponha as coxas e a gordura de pato e leve para derreter a gordura, em fogo muito baixo. Se necessário, coloque um peso (prato de sobremesa, pires ou tampa de outra panela) sobre as coxas para que elas fiquem imersas na gordura. Leve ao forno preaquecido a 160 °C por 2 horas ou até que estejam bem macias, quase soltando do osso. Na metade do tempo de cocção, retire a panela do forno e verifique se todas as pernas estão devidamente mergulhadas na gordura. Passado o tempo de cocção, retire a panela do forno e deixe esfriar.

Enquanto isso, corte o repolho em quatro ou seis gomos e mergulhe-os na gordura de pato ainda líquida, um de cada vez, para absorver o máximo possível de gordura. Faça o mesmo com as maçãs. Abra um pedaço de papel--alumínio duplo, grande o suficiente para formar um envelope e cobrir o repolho, dobrando as bordas.

Retire as coxas da panela removendo o excesso de gordura delas, disponha--as sobre uma assadeira grande o suficiente para que caibam as maçãs e o repolho embrulhados em alumínio e leve ao forno por uns 15 a 20 minutos, a 150 °C. Quando a pele das coxas estiver dourada e crocante, retire-as do forno, abaixe a temperatura para 100 °C e mantenha o repolho ali por mais uns 15 minutos. Desligue o forno.

Retire a pele do pato, corte em tirinhas e reserve. Desosse as coxas, desfie grosseiramente e reserve a carne.

Numa frigideira funda de ferro ou fundo grosso, em fogo baixo, derreta duas colheres de sopa da gordura de pato e doure as peles até ficarem crocantes. Retire as peles e, na gordura residual, refogue o alho e cebolas picados, mexendo até murchar. Acrescente a carne do pato, as especiarias e a pimenta-do-reino, mexendo até dourar levemente. Retire a mistura da panela e reserve. Adicione mais uma ou duas colheres da gordura de pato na panela e prepare a farofa adicionando a farinha aos poucos, mexendo sempre, até incorporar tudo. Volte as carnes e a pele do pato para a panela, coloque as maçãs e o repolho cozidos – que devem estar desmanchando e levemente tostados –, misture bem, ajuste o sal e sirva.

FAROFÃO
GOIANO (INSPIRADO NO EMPADÃO GOIANO)

Inspirados no tradicional prato da culinária goiana, resolvemos transformar o empadão numa deliciosa farofa.

300 g CEBOLA PICADA
5 g DE COLORAU/URUCUM
5 g DE CÚRCUMA EM PÓ
1 COLHER DE ÓLEO
300 g DE LOMBO OU PERNIL CORTADOS EM CUBOS PEQUENOS
300 g DE LINGUIÇA DE PORCO CORTADA EM FATIAS
300 g DE FILÉ DE FRANGO CORTADO EM CUBOS PEQUENOS
150 g DE GUARIROBA FATIADA
150 g DE MILHO VERDE
1 XÍCARA (100 g) DE AZEITONA VERDE SEM CAROÇO CORTADA
10 g (1 UNIDADE) DE PIMENTA DEDO-DE-MOÇA PICADA
300 g DE BATATA CORTADA EM CUBOS PEQUENOS
500 g DE FARINHA DE MANDIOCA BIJU OU DE MILHO FLOCADA
200 g DE QUEIJO BRANCO FRESCO CORTADO EM CUBOS
4 OVOS COZIDOS (OU 12 OVOS DE CODORNA COZIDOS)
5 g DE SAL

Refogue a cebola, o colorau e a cúrcuma no óleo e adicione as carnes de porco (linguiça e o lombo ou o pernil). Deixe dar uma douradinha e coloque também o frango. Depois que estiver tudo bem frito, com cor dourada, acrescente a guariroba, o milho verde, a azeitona, a pimenta e a batata. Cubra os ingredientes com água (500 ml) e deixe em fogo baixo por volta de 20 minutos, até os ingredientes cozinharem e o caldo engrossar bastante (quase secar). Retire do fogo e vá juntando a farinha aos poucos, mexendo devagar para que os ingredientes não desmanchem muito. Por último, adicione os ovos de codorna e o queijo branco fresco.

MEXIDO
DE CARNE DE SOL

A combinação de carne de sol, feijão-de-corda, queijo de coalho e farofa é clássica na cozinha sertaneja. Se preparados e servidos separados, lado a lado, temos o arrumadinho; se substituirmos a farinha por arroz, temos o baião de dois. Segundo Ana Rita Dantas Suassuna, o uso da farinha de milho ou o aproveitamento de sobra de cuscuz (o cuscuz nordestino, não o paulista) esfarelado era mais comum no sertão, dada a maior necessidade de água para produzir a farinha de mandioca, enquanto esta era preferida no agreste e no litoral.

500 g DE CARNE DE SOL DEMOLHADA E CORTADA EM CUBOS
50 ml DE MANTEIGA DE GARRAFA
2 CEBOLAS MÉDIAS PICADAS
2 DENTES DE ALHO
1 PIMENTA BODE PICADA
500 g DE FEIJÃO-DE-CORDA COZIDO E ESCORRIDO
300 g DE FARINHA DE MANDIOCA, MILHO OU CUSCUZ NORDESTINO ESFARELADO
200 g DE QUEIJO DE COALHO EM FATIAS GROSSAS
3 TOMATES MADUROS EM CUBOS
COENTRO PICADO A GOSTO

Doure a carne de sol na manteiga de garrafa com a cebola, o alho e a pimenta bode. Enquanto isso, doure as fatias de queijo de coalho em uma frigideira antiaderente dos dois lados e reserve. Junte à carne o feijão cozido e a farinha, e misture bem – se preciso, adicione um pouco do caldo de cozimento do feijão para que não fique muito seco. Junte os tomates e o coentro e decore com as fatias de queijo de coalho grelhadas.

ROUPA-VELHA

Esta receita pode ser preparada com a carne de panela do dia anterior, a partir de um método de cocção muito utilizado em qualquer cozinha brasileira, mas que raramente é denominado de forma correta. As cozinheiras domésticas o chamam de guisado, ensopado, refogado ou assado de panela, mas jamais pelo termo correto, que é braseado. Brasear vem do francês *braiser*, método de cocção que mistura calor seco e úmido, em que a carne é previamente frita em gordura quente, e em seguida é cozida, adicionando líquido aos poucos, até formar um molho grosso e espesso que junta os resíduos do fundo de panela com os temperos (cebola, alho, cenoura, salsão, entre outros), que desmancham durante a cocção lenta e por tempo prolongado. Por isso, os melhores cortes são peças com alto teor de gordura e aparentemente duras, que acabam amaciando durante o cozimento (lagarto, músculo, carne de peito, acém) e ficam prontas quando quase se desmancham na panela.

100 g DE MANTEIGA SEM SAL
2 DENTES DE ALHO PICADOS
100 g DE CEBOLA PICADA
800 g DE CARNE DE PANELA DESFIADA
100 ml DO MOLHO ESPESSO DA CARNE DE PANELA
500 g DE FARINHA DE MANDIOCA FINA OU BIJU, OU DE MILHO
4 OVOS MEXIDOS OU COZIDOS COM A GEMA DURA
1 PIMENTA DEDO-DE-MOÇA
1 COLHER DE SOPA DE SALSINHA PICADA
1 COLHER DE SOPA DE CEBOLINHA VERDE PICADA

Em uma panela grande de fundo grosso, doure levemente o alho e cebola na manteiga, e adicione pimenta e a carne desfiada. Quando a carne começar a secar, pingue um pouco do molho e deixe secar novamente, repetindo esse processo até incorporar todo o molho. Aos poucos, adicione a farinha, mexendo bem para misturar e absorver todo o líquido residual, incorporando bem os sabores. Desligue o fogo e acrescente os ovos e tempero verde. Misture bem e sirva.

> **ALGUMAS RECEITAS INCLUEM PIMENTÕES VERMELHOS, AZEITONAS, MILHO VERDE, CENOURAS, BACON E ATÉ COUVE MINEIRA REFOGADA.**

FEIJÃO-TROPEIRO

Até surgirem as estradas de ferro na primeira metade do século XX, o transporte de mercadorias no interior do Brasil era principalmente feito pelas tropas montadas em mulas e cavalos. Nos acampamentos dos tropeiros, surgiu esta receita simples e saborosa, muito querida nas regiões antes ligadas pelos caminhos das tropas, do Rio Grande do Sul ao Mato Grosso.

200 g DE BACON SEM O COURO PICADO
500 g DE LINGUIÇA DE SUA PREFERÊNCIA EM RODELAS
2 CEBOLAS MÉDIAS PICADAS
4 DENTES DE ALHO PICADOS
1 PIMENTA DEDO-DE-MOÇA PICADA (OPCIONAL)
4 OVOS
1 MAÇO DE COUVE-MANTEIGA SEM O TALO, FINAMENTE FATIADO
500 g DE FEIJÃO-JALO, PRETO OU CARIOCA COZIDO, MAS AINDA FIRME, SEM O CALDO
500 g DE FARINHA DE MANDIOCA FINA
SAL E PIMENTA-DO-REINO A GOSTO
CEBOLINHA FATIADA A GOSTO

Em um tacho ou panela grande, frite o bacon em fogo baixo para que solte a gordura. Assim que tiver gordura o suficiente, frite as rodelas de linguiça até que estejam douradas. Afaste a linguiça e o bacon para as laterais da panela e frite no centro a cebola, o alho e a pimenta, até que estejam macios. Adicione os ovos e mexa até que estejam cozidos. Adicione o feijão e a farinha, e misture muito bem. Ajuste o tempero e decore com cebolinha.

FILÉ
À OSWALDO ARANHA

Embora não tenha surgido como uma farofa de farnel, o filé à Oswaldo Aranha se encaixa perfeitamente como tal. Aliás, farnel digno de um diplomata. A receita original é do restaurante carioca Cosmopolita, inaugurado em 1926, época em que o Rio de Janeiro era a capital federal, frequentado por políticos e diplomatas, cujo prato-chefe era um filé alto e malpassado, coberto com alho frito, acompanhado de arroz branco, batatas portuguesas e farofa de ovos. Frequentador assíduo, Oswaldo Aranha pedia sempre este prato. Ao chegar à mesa, ele próprio misturava todos os ingredientes, transformando-os numa bela farofa com filé por cima.

30 g DE MANTEIGA SEM SAL
20 g DE ÓLEO VEGETAL
1 MEDALHÃO DE FILÉ-MIGNON ALTO
500 ml DE ÓLEO PARA FRITAR
200 g DE BATATA, CORTADA EM FATIAS FINAS
200 g DE ARROZ BRANCO COZIDO
½ RECEITA DA FAROFA DE OVO (VER P. 41)
30 g DE ALHO FRITO

Em uma frigideira funda de ferro, derreta a manteiga com o óleo e frite o filé até dourar de ambos os lados.

Enquanto isso, seque as batatas e frite-as em óleo quente, escorra-as e reserve.

Quando os filés estiverem ao ponto, retire-os da frigideira e acrescente o arroz, mexendo e esfregando o fundo da frigideira até incorporar todos os resíduos da carne. Adicione a farofa de ovos e as batatas, misture bem, disponha a carne sobre a farofa e salpique com o alho frito.

VIRADO
À PAULISTA

Declarado patrimônio imaterial do estado de São Paulo em 2018, o virado à paulista reconta a história da expansão pelo interior daquilo que viria a ser a capitania de São Paulo. Semanalmente, às segundas-feiras, mais de 500 mil virados são servidos apenas na capital paulista, numa receita que pouco mudou desde o primeiro registro conhecido, de 1602. Conta-se que os viajantes costumavam levar, nos alforjes das mulas, feijão cozido, farinha de milho e carne e toucinho, que, no chacoalhar do caminho, iam se misturando, revirando – daí o nome "virado". Sensivelmente mais úmido que as farofas em geral, está a um passo de se tornar um pirão (o tutu mineiro seria esse passo seguinte). Como refeição, é completo e calórico, como a tradicional comida caipira paulista.

400 g DE BARRIGA SUÍNA CORTADA PARA TORRESMO
4 BISTECAS SUÍNAS
SAL
PIMENTA-DO-REINO A GOSTO
30 ml DE SUCO DE LIMÃO
50 g DE BACON EM CUBINHOS
2 CEBOLAS MÉDIAS PICADAS
3 DENTES DE ALHO
½ PIMENTA DEDO-DE-MOÇA PICADA
400 g DE FEIJÃO-CARIOCA COZIDO (COM O CALDO RESERVADO)
200 g DE FARINHA DE MILHO BIJU, OU O QUANTO BASTE
1 MAÇO DE COUVE-MANTEIGA SEM O TALO FINAMENTE FATIADO
300 g DE LINGUIÇAS PORTUGUESAS OU TOSCANAS
5 OVOS
4 BANANAS-NANICAS OU PRATAS MADURAS
50 g DE FARINHA DE ROSCA
50 g DE FARINHA DE TRIGO
300 ml DE ÓLEO PARA FRITAR

Tempere o torresmo com sal e deixe descansar por meia hora. Tempere as bistecas com sal, pimenta-do-reino e suco de limão. Reserve.

Numa panela funda, aqueça o torresmo em fogo baixo, mexendo ocasionalmente, com cuidado, pois pode espirrar gordura. Quando estiver sequinho e crocante, retire o torresmo e separe quatro colheres da gordura.

Na mesma panela, com o restante da gordura, frite o bacon, a cebola, o alho e a pimenta dedo-de-moça, adicionando o feijão cozido. Se quiser o virado mais consistente, adicione mais caldo do feijão. Acrescente a farinha de milho e misture bem. Prove o sal e reserve.

Em outra panela, com a gordura reservada, frite as bistecas e reserve. Frite na mesma panela as linguiças e reserve.

Empane as bananas, passando em farinha de trigo, em um ovo batido e, em seguida, na farinha de rosca. Frite-as em óleo quente até que estejam douradas.

Novamente na panela com a gordura reservada, frite os quatro ovos restantes e a couve fatiada.

Sirva o virado com a bisteca, a linguiça, a couve, a banana e os ovos com o torresmo por cima. Pode ser acompanhado de arroz branco.

FAROFAS DOCES

Considerada por muitos a parte mais desejada de uma refeição, a sobremesa não costuma estar associada a farofas. No entanto, aqueles que se aventurarem por estas receitas certamente ficarão surpresos com as possibilidades que as farofas doces oferecem às sobremesas: pitadas mágicas de crocância e sabor.

FAROFA
PARA SORVETES

100 g DE AMENDOIM TORRADO E MOÍDO
40 g DE AÇÚCAR DEMERARA
100 g DE FARINHA LÁCTEA
60 g DE LEITE EM PÓ
20 g DE EXTRATO DE MALTE EM PÓ

Bata todos os ingredientes no processador ou no liquidificador até que a mistura esteja com aparência de farofa homogênea. Retire do processador e sirva sobre sorvetes, acompanhado de calda de chocolate quente.

VARIAÇÃO:
Um dos ingredientes dessa farofa é o extrato de malte em pó, que pode ser substituído por Ovomaltine.

PAÇOCA
DE AMENDOIM

O amendoim é uma leguminosa nativa da América do Sul, cultivada aqui há milênios. A paçoca de amendoim original não levava açúcar, mas, com os engenhos criados pelos colonizadores, foi uma adição natural. Hoje, a paçoca está intimamente ligada às comemorações da Semana Santa e das Festas Juninas.

500 g DE AMENDOIM TORRADO SEM PELE
200 g DE FARINHA DE MILHO OU DE MANDIOCA TORRADA
250 g DE AÇÚCAR DE CONFEITEIRO
1 PITADA DE SAL

Bata todos os ingredientes no pilão ou no processador até que estejam bem incorporados e o óleo do amendoim dê uma liga leve à paçoca. Assim como as paçocas salgadas, é costume comer com banana.

VARIAÇÃO:
Na cozinha do cerrado, é costume substituir o amendoim por semente de baru torrada e sem casca.

FAROFA
DE LEITE EM PÓ, AVEIA E GOJI BERRY

Nesta farofa pode-se substituir o goji berry por frutas liofilizadas, que são perfeitas para o preparo de farofas doces. A liofilização consiste em congelar um produto e expô-lo ainda congelado a pressões atmosféricas muito baixas, o que faz com que a água presente no alimento evapore conforme vá derretendo. As frutas liofilizadas mantêm sua forma original e todos os nutrientes não voláteis.

15 g DE MANTEIGA OU ÓLEO DE COCO
100 g DE AVEIA EM FLOCOS FINOS
50 g DE GOJI BERRY OU FRUTAS LIOFILIZADAS
50 g DE AÇÚCAR MASCAVO
50 g DE LEITE EM PÓ

Em uma frigideira grande, derreta a manteiga e doure levemente a aveia em flocos. Retire da frigideira e deixe esfriar.

Num processador, bata as frutas utilizando a função pulsar até que fiquem moídas e grossas, reservando metade delas. Adicione ao processador a aveia, o açúcar e o leite em pó, e bata até estar bem homogêneo. Numa tigela, misture o restante das frutas reservadas. Sirva com leite ou iogurte, ou sobre sobremesas cremosas.

FAROFA
DE COCO QUEIMADO

90 g DE AÇÚCAR REFINADO
50 ml DE ÁGUA
100 g DE COCO FRESCO RALADO
50 ml DE ÓLEO VEGETAL
200 g DE FARINHA DE MANDIOCA TORRADA

Prepare primeiro o coco queimado, misturando numa panela pequena o açúcar, o coco e a água. Depois que os ingredientes estiverem combinados, aqueça em fogo médio sem mexer, até que comece a caramelizar. Então, misture vigorosamente para que o açúcar cristalize. Reserve.

Numa frigideira média, aqueça o óleo, despeje ¼ da farinha e deixe torrar até exalar um aroma de castanhas torradas. Adicione a farinha aos poucos e, quando ela estiver toda incorporada, misture o coco queimado para aquecer.

VOCÊ TAMBÉM PODE PREPARAR ESTA FAROFA UTILIZANDO COCO SECO, COCO FRESCO E RALADO OU COCO TORRADO NO FORNO ATÉ QUE FIQUE DOURADO. VALE A PENA FAZER TESTES, POIS OS SABORES SÃO MUITO DIFERENTES UNS DOS OUTROS E SEMPRE INCRÍVEIS!

PAÇOCA DE AMENDOIM

FAROFA DE LEITE EM PÓ, AVEIA E GOJI BERRY

FAROFA DE COCO QUEIMADO

PAÇOCA
DE CASTANHA-DE-CAJU

Esta farofa doce faz sucesso entre as crianças. A castanha-de-caju pode ser substituída por outras castanhas ou nozes, como castanha-do-pará, amêndoas torradas, pistache ou uma combinação de castanhas.

100 g DE MANTEIGA
100 g DE FARINHA DE MANDIOCA TORRADA
RASPAS DE 1 LIMÃO (OPCIONAL)
100 g DE CASTANHA-DE-CAJU TORRADA SEM SAL
200 g DE FARINHA LÁCTEA
100 g DE XERÉM DE CASTANHA-DE-CAJU
100 g DE AÇÚCAR CRISTAL

Derreta a manteiga em fogo baixo, adicione a farinha de mandioca, misture bem e deixe esfriar. Adicione as raspas de limão quando a farofa estiver fria. Separadamente, bata a castanha-de-caju com a farinha láctea no processador ou no liquidificador até que esteja com aparência de farofa homogênea. Retire do processador e misture com a farofa, o xerém de castanha e o açúcar. Sirva com sorvetes, mousses ou saladas de frutas.

FAROFA DE SUSPIROS COM NIBS DE CACAU E FRUTAS SECAS

FAROFA
DE SUSPIROS COM NIBS DE CACAU E FRUTAS SECAS

100 g DE SUSPIROS
50 g DE NIBS DE CACAU
100 g DE FRUTAS SECAS PICADAS (FRUTAS VERMELHAS, DAMASCOS OU FRUTAS CRISTALIZADAS)

Amasse os suspiros com a mão, pique as frutas secas bem miudinho e quebre os nibs de cacau. Misture todos os ingredientes e sirva sobre cremes doces, sorvetes, gelatina ou iogurte.

UMA SUGESTÃO DIFERENTE DE SOBREMESA PARA O NATAL É SERVIR ESSA FAROFA COM FRUTAS CRISTALIZADAS SOBRE UM CREME INGLÊS OU DE CONFEITEIRO, COM UM TOQUE DE RUM BORRIFADO SOBRE O CREME E A FAROFA ANTES DE SERVIR.

FAROFAS FUNCIONAIS

A farofa costuma ser um item proibido no cardápio da maioria das dietas. No entanto, tanto a farinha de mandioca quanto a de milho são, por natureza, sem glúten e ricas em fibras. Se substituirmos as gorduras saturadas e animais por opções mais saudáveis e incluirmos mais fibras e outros alimentos nutritivos, a farofa pode ser uma excelente aliada de qualquer dieta.

FAROFA
DE CASTANHA-DO-PARÁ E COUVE-FLOR

300 g DE COUVE-FLOR MOÍDA NO PROCESSADOR
150 g DE CASTANHA-DO-PARÁ MOÍDA
3 g DE CURRY EM PÓ
30 g DE LINHAÇA DOURADA
30 g DE LINHAÇA MARROM
5 g DE SEMENTES DE ALCARÁVIA OU KÜMMEL

Numa frigideira antiaderente, em fogo baixo, toste levemente a couve-flor, mexendo sempre, até algumas partes começarem a dourar. Salpique o curry em pó e misture bem. Adicione a castanha moída, mexendo até começar a tostar. Por último, acrescente as sementes de linhaça e alcarávia, mexendo por mais uns segundos. Ajuste o sal e retire do fogo.

INSPIRADA
NOS SABORES TAILANDESES

FAROFA
DE ARROZ TOSTADO E COGUMELOS

250 g DE ARROZ JASMIM CRU
200 g DE COGUMELOS FRESCOS PICADOS (SHITAKE, ERINGUE, PARIS)
15 ml DE MOLHO DE PEIXE FERMENTADO
15 ml DE SHOYU
1 COLHER DE SOPA DE PIMENTA DEDO-DE-MOÇA PICADA
1 CEBOLA ROXA CORTADA EM TIRAS FINAS
5 ml DE ÓLEO DE GERGELIM TORRADO
10 FOLHAS DE HORTELÃ PICADAS
2 RAMOS DE COENTRO PICADOS
1 RAMO DE CEBOLINHA VERDE PICADA

Numa frigideira funda, toste o arroz em fogo baixo, mexendo sempre, até dourar. Reserve. Depois de frio, passe no liquidificador ou no processador, para transformá-lo em farinha.

Refogue os cogumelos na frigideira antiaderente ou no wok, salteando-os até começarem a murchar. Acrescente o molho de peixe, o shoyu, a pimenta e a cebola; em seguida, salteie-os até secar o líquido. Retire do fogo, adicione o óleo de gergelim, as ervas frescas e, aos poucos, a farinha de arroz.

FAROFA
DE QUINOA COM TOFU DEFUMADO

70 g DE QUINOA VERMELHA
1 CEBOLA ROXA PEQUENA, FINAMENTE PICADA
60 g DE TOFU DEFUMADO, CORTADO EM CUBOS PEQUENOS
100 g DE CASTANHA-DE-CAJU GROSSEIRAMENTE PICADA
1 MAÇO PEQUENO DE NIRÁ PICADA
5 ml DE ÓLEO DE GERGELIM TORRADO
SAL E PIMENTA-DO-REINO A GOSTO

Lave as sementes de quinoa em uma peneira sob água corrente, escorra e leve para cozinhar numa panela pequena em fogo baixo, com 180 ml de água fervente e uma pitada de sal. Quando a água estiver terminando de secar, desligue o fogo, tampe e deixe repousar por 8 minutos.

Enquanto isso, numa frigideira antiaderente, em fogo baixo, refogue a cebola até começar a murchar. Acrescente os cubos de tofu, mexendo para não queimar, em seguida a castanha-de-caju, mexendo por mais alguns segundos, e depois a nirá. Misture a quinoa, retire do fogo, tempere com sal e óleo de gergelim. Sirva quente.

RICA EM FIBRAS E NUTRIENTES

FAROFA
DE ABÓBORA E GIRASSOL

200 g DE ABÓBORA CABOTIÁ CORTADA EM CUBOS
200 g DE FARINHA DE MILHO
15 ml DE ÓLEO DE SEMENTE DE ABÓBORA
1 PIMENTA DEDO-DE-MOÇA PICADA, SEM SEMENTE
50 g DE SEMENTES DE GIRASSOL SEM CASCA
15 g DE GERME DE TRIGO
SAL A GOSTO

Preaqueça o forno a 150 °C, espalhe os cubos de abóbora sobre uma assadeira e leve para assar por cerca de 20 minutos, ou até começar a dourar. Retire do forno, coloque num prato e reserve.

Em uma frigideira antiaderente, aqueça o óleo e toste a farinha de milho até ficar bem crocante. Adicione a pimenta, as sementes de girassol e toste por mais alguns segundos, mexendo sempre. Adicione o germe de trigo e a abóbora, mexendo até incorporar bem. Retire do fogo, tempere com sal e sirva.

PROTEICA
E SUPERENERGÉTICA

FAROFA
DE AVEIA COM AMENDOIM

70 g DE AVEIA EM FLOCOS FINOS
200 g DE AMENDOIM TORRADO MOÍDO
30 g DE NIBS DE CACAU
2 BANANAS-PASSAS PICADAS
SAL A GOSTO

Toste os flocos de aveia numa frigideira antiaderente, acrescente o amendoim e mexa constantemente até incorporar tudo. Desligue o fogo, acrescente os nibs de cacau e as bananas, tempere a gosto e sirva.

FAROFA
DE FARELO DE TRIGO E CLARAS DE OVOS

20 g DE FARELO DE TRIGO
15 g DE SEMENTE DE LINHAÇA DOURADA
5 ml DE AZEITE DE OLIVA
6 CLARAS DE OVO
1 CEBOLA PICADA
1 COLHER DE SOPA DE CEBOLINHA FRANCESA PICADA
SAL E PIMENTA-DO-REINO A GOSTO

Em uma frigideira antiaderente, toste ligeiramente o farelo de trigo e a semente de linhaça por alguns minutos. Retire da frigideira e reserve.

Aqueça um fio de azeite na mesma frigideira e leve a clara para fritar. Quando estiver cozida, pique grosseiramente e reserve.

Doure a cebola na gordura residual da frigideira até murchar e abaixe o fogo para o mínimo. Volte o farelo e a linhaça para a frigideira, misture a clara e a cebolinha francesa. Ajuste o tempero, com sal e pimenta-do-reino a gosto, e sirva.

RICA EM FIBRAS E PROTEÍNA

RICA EM FIBRAS E NUTRIENTES

FAROFA
DE COCO E CEBOLA EM FLOCOS

50 g DE LASCAS DE COCO FRESCO
15 ml DE AZEITE DE ABACATE (OU DE OLIVA EXTRAVIRGEM)
100 g DE FARINHA DE MANDIOCA BIJU
50 g DE AMARANTO EM FLOCOS
50 g DE FLOCOS DE CEBOLA SECA
SAL
PIMENTA-DO-REINO BRANCA MOÍDA NA HORA

Preaqueça o forno a 150 °C, espalhe as lascas de coco sobre uma assadeira e leve para assar por cerca de 5 minutos, ou até começar a dourar. Retire do forno, coloque num prato e reserve.

Numa frigideira em fogo baixo, aqueça ligeiramente o azeite de abacate e adicione a farinha de mandioca aos poucos, mexendo sempre. Depois adicione o amaranto em flocos e toste por mais alguns segundos. Retire do fogo, misture a cebola e o coco, tempere com sal e pimenta, e sirva.

RICA
EM FIBRAS
E NUTRIENTES

FAROFA
DE CHIA COM CENOURA

15 g DE GORDURA DE COCO
30 g DE UVAS-PASSAS
150 g DE CENOURA RALADA
30 g DE SEMENTES DE ABÓBORA
200 g DE SEMENTE DE CHIA
SAL A GOSTO
1 COLHER DE SOPA DE SALSINHA PICADA

Em uma frigideira, derreta a gordura de coco e refogue ligeiramente as uvas-passas e a cenoura até murchar. Adicione as sementes de abóbora e chia, tempere com sal a gosto, retire do fogo e misture a salsinha. Sirva quente ou fria.

PARENTES DA FAROFA

Ainda que a farofa mais comum seja um acompanhamento tipicamente nacional e para a maioria dos estrangeiros seja um gosto adquirido (frequentemente à base de pressão social e muita caipirinha em churrascos e festas), há pratos de outras cozinhas que podem ser facilmente aparentados com as nossas farofas. Desde as migas, que provavelmente estavam no repertório alimentar dos primeiros colonizadores ibéricos que conheceram as farinhas indígenas, ao crumble britânico, surgido do racionamento de alimentos durante a II Guerra Mundial.

Há duas principais teorias para o tão pesaroso nome deste prato que lembra um rico virado de carne suína com ovos. A primeira diz que era originalmente feito com a carne dos animais de tiro ou de carga que morriam de velhos ou que precisavam ser sacrificados, por isso o triste dono comia *duelos y quebrantos* com muita pena e tristeza, tendo perdido seu querido companheiro de trabalho. A segunda sugere que, por ser baseado em carne de porco, os cristãos novos convertidos à força comiam este prato com muito remorso, divididos e consternados, por não ser nem *kasher*, nem *halal*, alimento permitido para judeus e muçulmanos, respectivamente. Me parece que, tanto pela receita quanto pelo hábito do Cavaleiro da Triste Figura de comer *duelos y quebrantos* semanalmente, a última teoria seja mais aplicável.

Seja qual for sua religião, não sugiro este prato se você está com colesterol elevado. Não é só pelo toucinho e pelo bacon. Além deles e do chorizo, usam-se muitos ovos nessa receita!

DUELOS
Y QUEBRANTOS

"En un lugar de la Mancha, de cuyo nombre no quiero acordarme, no ha mucho tiempo que vivía un hidalgo de los de lanza en astillero, adarga antigua, rocín flaco y galgo corredor. Una olla de algo más vaca que carnero, salpicón las más noches, duelos y quebrantos los sábados, lentejas los viernes, algún palomino de añadidura los domingos, consumían las tres partes de su hacienda." (CERVANTES, 2004, p. 27)[2]

400 g de toucinho de porco fresco, sem o couro, em cubos

160 g de bacon, sem o couro, em cubos pequenos

300 g de cebolas picadas

6 dentes de alho picados

200 g de chorizo tipo espanhol não curado, sem a pele, cortado em cubos

3 g de páprica doce (de preferência defumada)

240 g de pão italiano amanhecido em cubos, levemente umedecidos com água fria

8 ovos

sal a gosto

pimenta-do-reino a gosto

salsinha a gosto

Coloque o toucinho e o bacon numa panela grossa e aqueça em fogo brando, mexendo ocasionalmente até que grande parte da gordura tenha soltado e o toucinho esteja levemente dourado.

Adicione a cebola, o alho e o chorizo, e refogue até que estejam dourados. Aumente o fogo.

Adicione a páprica e em seguida o pão – mexa com cuidado para que ele não se desfaça.

Junte os ovos batidos e temperados com sal e pimenta, e continue mexendo cuidadosamente até que os ovos estejam cozidos.

Finalize com salsinha picada.

---

[2] "Numa aldeia da Mancha, de cujo nome não quero me lembrar, não faz muito tempo vivia um fidalgo desses de lança no cabide, adarga antiga, pangaré magro e galgo corredor. Um cozido com mais carne de vaca que de carneiro, salpicão na maioria das noites, ovos fritos com torresmo aos sábados, lentilhas às sextas, algum pombinho de quebra aos domingos, consumiam três partes de sua renda." (CERVANTES, 2012, p. 61)

CRUMBLE

Não são raras as receitas de farofa surgidas da necessidade de tirar o melhor proveito dos alimentos disponíveis em tempos de fome. Essa também é a origem do crumble. Durante a II Guerra Mundial, as ilhas britânicas sofreram um longo bloqueio marítimo pelos submarinos alemães, o que impedia a chegada de produtos dos quais a população dependia. Foi imposto um duro racionamento de alimentos, que durou mais de dez anos. Nesse período, o governo estimulou o povo a plantar vegetais nos jardins e quintais de suas casas e, com eles e a pouca quantidade de gordura, açúcar e farinha de que dispunham, foi criada essa receita mais simples do que uma torta, que esfarela (do inglês *to crumble*) e se tornou uma das preferidas da injustamente má-afamada cozinha britânica.

200 g DE FARINHA DE TRIGO (OU 120 g DE FARINHA DE TRIGO E 80 g DE FARINHA DE AMÊNDOAS)
150 g DE MANTEIGA
150 g DE AÇÚCAR
CERCA DE 1 kg DE FRUTAS FRESCAS DESCASCADAS E SEM CAROÇO, CONFORME O NECESSÁRIO (PÊSSEGOS, AMEIXAS, CEREJAS, BANANAS, MAÇÃS E MORANGOS)

Misture a farinha, a manteiga e o açúcar, apertando com os dedos, para que fique com a consistência de uma farofa. É possível misturar no processador para ganhar tempo.

Em uma travessa refratária untada, coloque as frutas cortadas do tamanho de um bocado, espalhando bem. Cubra com a farofa doce, sem apertar, e leve ao forno preaquecido a 200 °C por meia hora ou até que esteja dourado e borbulhando. Espere amornar e sirva com sorvete de creme.

VARIAÇÃO:
Embora menos conhecidas, há versões salgadas de crumble em que o queijo ralado substitui o açúcar e no lugar das frutas vão legumes refogados ou carne guisada.

CRUMBLE

MIGAS

Talvez a preparação que deu origem às farofas como conhecemos tenha surgido como uma forma de aproveitar as sobras de pão duro. Há muitas variações na cozinha ibérica, das migas secas da região da Mancha às empapadas no Alentejo, espelhando o espectro das farofas secas aos virados mais úmidos. As mais simples são um ótimo acompanhamento; as mais elaboradas são refeições completas.

400 g DE PÃO ITALIANO AMANHECIDO (BEM DURO)
4 DENTES DE ALHO PICADO
100 ml DE AZEITE DE OLIVA
SAL A GOSTO

Corte o pão com as mãos ou com uma faca em pedaços pequenos, menores do que um bocado. Molhe levemente com água, sem encharcar, e deixe descansar por alguns minutos. Em uma panela, aqueça o azeite e frite o alho sem deixar que queime. Adicione o pão molhado e mexa ocasionalmente, deixando que doure levemente. Sirva como acompanhamento.

VARIAÇÕES:
Adicione páprica ao azeite pouco antes de colocar o pão molhado, para que as migas fiquem com uma cor vibrante. Para migas mais substanciosas, refogue bacon picado ou chorizo espanhol antes de colocar o alho. Sardinhas, ovos, cebolas e pimentões também podem ser adicionados.

FARFEL
DE MATZÁ

O farfel é um prato da cozinha judaica feito com massa de farinha com ovos tostada. No entanto, durante o feriado da Páscoa judaica (Pessach), quando é costume abster-se de preparações à base de grãos fermentados, o farfel tradicional é substituído por farfel elaborado com pão ázimo (matzá) quebrado, lembrando uma farofa de biju úmida. Dependendo da gordura que se use, o prato será parve (neutro, com óleo vegetal), halavi (laticínio, com manteiga) ou bassari (de carne, com schmaltz – gordura clarificada de frango ou pato).

200 g DE FARFEL OU MATZÁ, QUEBRADO EM PEDAÇOS PEQUENOS
500 ml ÁGUA SALGADA OU CALDO DE LEGUMES FERVENTE
2 CEBOLAS MÉDIAS PICADAS
30 ml DE AZEITE, MANTEIGA OU SCHMALTZ
SAL A GOSTO
PIMENTA-DO-REINO MOÍDA A GOSTO

Em uma tigela, cubra o farfel com a água salgada ou caldo ferventes e deixe por alguns minutos antes de escorrer.

Em uma frigideira grande, frite a cebola na gordura de sua preferência em fogo brando, até que esteja começando a dourar. Adicione o farfel escorrido, misture bem e aumente o fogo. Deixe dourar levemente, ajuste o sal, tempere com pimenta a gosto e sirva como acompanhamento.

VARIAÇÃO:
Substitua a água ou caldo ferventes por dois ovos batidos, deixando que o farfel absorva os ovos lentamente por uma hora.

STUFFING

A celebração do Dia de Ação de Graças, Thanksgiving, é normalmente marcada por uma farta refeição, cuja peça central costuma ser um grande peru recheado. Ainda que aos estadunidenses falte o domínio da técnica das farofas, este recheio, baseado em miúdos, vegetais e migalhas ou farinha de pão, em muito lembra nossas farofas, principalmente quando preparado separadamente da ave.

500 g de pão de forma branco, pão de milho ou pão italiano cortado em cubinhos, levemente torrados em forno médio
100 g de manteiga
2 cebolas médias picadas
2 talos de salsão picado
½ maço de salsinha picada
10 g de sálvia picada
5 g de tomilho
5 g de sal
pimenta-do-reino moída a gosto
¼ de noz-moscada ralada
200 g de nozes-pecã picadas grosseiramente
100 g de oxicocos (cranberries) secos picados
250 ml de caldo de galinha frio

Em uma panela larga, derreta a manteiga e frite a cebola e o salsão até que estejam bem macios. Retire do fogo e adicione as ervas, o sal, a pimenta e a noz-moscada, misture e deixe esfriar. Junte o pão em cubinhos, a noz-pecã, o oxicoco e o caldo. Misture bem. Ajuste o sal. Use para rechear perus ou frangos, ou coloque em uma travessa refratária e leve ao forno preaquecido a 180 °C por cerca de meia hora, até que esteja com uma crosta dourada.

PANZANELLA

Esta é mais uma receita criada para aproveitar as sobras de pão velho. Uma saborosa salada originária do centro da Itália, que em muito lembra a farofa d'água fria. A qualidade do azeite é fundamental para o bom resultado deste prato.

400 g DE PÃO ITALIANO AMANHECIDO DURO QUEBRADO OU CORTADO EM CUBINHOS
SAL A GOSTO
2 PIMENTÕES AMARELOS
1 DENTE DE ALHO AMASSADO EM PASTA
30 ml DE VINAGRE DE VINHO OU BALSÂMICO
100 ml DE AZEITE DE OLIVA EXTRAVIRGEM
6 TOMATES MADUROS FATIADOS EM MEIA-LUA
2 CEBOLAS ROXAS EM FATIAS FINAS (JULIENNE)
100 g DE AZEITONAS PRETAS SEM CAROÇO
2 BURRATAS
½ MAÇO DE MANJERICÃO FRESCO (SÓ AS FOLHAS)

Doure levemente o pão em cubinhos e salpique com água fria e sal.

Diretamente sobre a boca do fogão, toste os pimentões até que a pele esteja chamuscada e a carne esteja macia. Reserve coberto.

Em uma saladeira grande, misture a pasta de alho, o vinagre e o azeite. Ajuste o sal.

Quando estiverem frios o suficiente para manipular, retire a pele e as sementes dos pimentões, e corte em tiras finas e longas.

Misture na saladeira os tomates, os pimentões, a cebola e as azeitonas. Deixe repousar cinco minutos.

Adicione os cubos de pão e misture bem. Finalize com gomos de burrata rasgados à mão e folhas de manjericão.

VARIAÇÕES:
Substitua a burrata por filés de anchova ou atum, ou ainda por finas fatias de lardo curado ou presunto cru. Adicione livremente vegetais, como pepino, abobrinha, alface ou palmito.

PERSILLADE

A persillade é basicamente a mistura de salsinha e alho picados com azeite de oliva. Frequentemente se adiciona farinha de rosca a essa mistura, criando uma farofa muito básica, mas de sabor bastante intenso, frequentemente associada à cozinha do sul da França.

1 MAÇO PEQUENO DE SALSINHA PICADA
6 DENTES DE ALHO PICADOS
200 ml DE AZEITE DE OLIVA (OU MANTEIGA AMOLECIDA)
200 g DE FARINHA DE ROSCA, DE PREFERÊNCIA CASEIRA
SAL A GOSTO

Misture todos os ingredientes e ajuste o sal. Pode-se preparar essa receita no processador para ganhar tempo. Use a persillade para rechear tomates, abobrinhas, escargots ou crostas crocantes em medalhões de filé e carrés de cordeiro, levando-os ao forno bem quente somente para dourar. Também pode ser salpicada sobre guisados, como o boeuf en daube e o cassoulet, antes de serem levados ao forno para gratinar.

CUSCUZ
MARROQUINO

Esta é uma preparação originária do noroeste da África, da região do Magrebe, a qual os árabes difundiram pela Península Ibérica durante sua dominação. Os portugueses, familiarizados com a preparação feita a partir de sêmola com água cozida no vapor, encontraram as populações indígenas fazendo receitas semelhantes a partir do milho e da mandioca e batizaram com o mesmo nome. O cuscuz marroquino normalmente vendido hoje já vem pré-cozido no vapor, precisando apenas ser reidratado.

50 ml DE SOPA DE AZEITE DE OLIVA
3 DENTES DE ALHO PICADOS
50 g DE AMÊNDOAS LAMINADAS
10 g DE RAS-EL-HANOUT OU PÁPRICA
500 ml DE ÁGUA
500 g DE CUSCUZ DESIDRATADO
SAL A GOSTO
SALSINHA PICADA A GOSTO

Em uma panela, frite o alho e as amêndoas no azeite até que comecem a dourar, adicione o ras-el-hanout ou a páprica, misture e adicione a água. Assim que ferver, desligue o fogo, adicione o cuscuz e salgue. Tampe a panela e deixe o cuscuz absorver o líquido por cinco minutos. Abra a panela e solte os grãos com um garfo. Decore com a salsinha picada. Sirva como acompanhamento de carnes, peixes ou legumes ensopados.

NOTA:
O ras-el-hanout é uma mistura de especiarias típica da cozinha marroquina, composta geralmente pelos seguintes temperos: cardamomo, cominho, cravo, canela, noz-moscada, pimenta-da-jamaica, pimenta-do-reino, páprica doce e picante, gengibre em pó, cúrcuma, entre outros, em diferentes proporções.

CUSCUZ
NORDESTINO

É muito fácil perceber por que os portugueses acharam a preparação indígena tão parecida com o cuscuz africano. Feito com farinha de milho umedecida e cozida no vapor, este prato é geralmente servido em fatias, como um bolo, com manteiga. Depois de cozido, também é possível esfarelar o cuscuz e usá-lo como a farinha de milho no preparo de farofas.

300 g de flocos de milho para cuscuz
100 ml de água fria (ou o suficiente para umedecer)
sal a gosto
manteiga para untar

Misture o milho, a água fria e o sal e deixe descansar por meia hora. Coloque água na parte de baixo da cuscuzeira (ou em uma panela funda); na parte superior da cuscuzeira untada (ou em um escorredor de macarrão de metal), coloque a mistura sem apertar. Cubra e leve ao fogo. Cozinhe no vapor por 15 minutos.

CUSCUZ
PAULISTA

É razão de muita estranheza o primeiro contato de um nordestino com o cuscuz paulista, e não sem motivo. Com sua estrutura densa e fartamente recheada, o cuscuz paulista era originalmente preparado como o nordestino, com a farinha hidratada e cozida no vapor. Atualmente, seu modo de preparo foi facilitado, tornando-o quase um pirão enformado. A decoração, com suas reminiscências de banquetes reais, é uma marca do cuscuz paulista: inegavelmente brega; mas o resultado é delicioso.

50 g DE AZEITE DE OLIVA
200 g DE CEBOLA MÉDIA PICADA
100 g DE PIMENTÃO VERMELHO PICADO
10 g DE PIMENTA DEDO-DE-MOÇA PICADA
10 g DE ALHO PICADO
100 g DE MILHO VERDE COZIDO
100 g DE AZEITONA VERDE PICADA
100 g DE PALMITO PICADO
300 g DE MOLHO DE TOMATE
250 g DE SARDINHA EM CONSERVA SEM OS OSSOS
100 g DE ERVILHA
500 ml DE CALDO DE LEGUMES FERVENTE
SAL E PIMENTA-DO-REINO A GOSTO
10 g DE CHEIRO-VERDE (SALSINHA E CEBOLINHA) PICADO
500 g DE FARINHA DE MILHO FLOCADA

PARA DECORAR:
3 OVOS COZIDOS
4 FILÉS DE SARDINHA EM LATA
100 g DE TOMATE EM RODELAS
50 g DE TIRINHAS DE PIMENTÃO VERMELHO

Comece decorando a forma do cuscuz: unte com bastante azeite uma forma de bolo com furo e disponha os ovos cozidos fatiados, os filés de sardinha, os tomates em rodela, tirinhas de pimentão e os demais ingredientes do cuscuz, lembrando que a parte visível da decoração estará em contato com a forma.

Em uma panela grande, refogue a cebola, o pimentão, a pimenta dedo-de-moça e o alho, até que estejam bem macios. Adicione o milho, a azeitona, o palmito, o molho de tomate, a sardinha, a ervilha e o caldo de legumes. Misture bem e deixe ferver, então prove e ajuste sal e pimenta. Adicione o cheiro-verde picado. Finalmente, misturando sempre, adicione aos poucos a farinha de milho até que o cuscuz se torne uma massa densa. Cuidadosamente, coloque a massa às colheradas na forma decorada, apertando levemente. Deixe esfriar e desenforme. Pode ser servido frio ou reaquecido (na própria forma, no vapor, ou no micro-ondas).

TABULE

Esta é uma salada típica do Líbano, onde costuma ser consumida como aperitivo, ao lado de homus, babaganush e mhamra. Sua característica mais marcante é o uso do bulgur, grãos de trigo parboilizados ou pré-cozidos, quebrados e secos novamente, o que dá a essa salada uma textura que lembra uma farofa fria. Um azeite de qualidade é fundamental para o bom resultado dessa receita.

250 g DE BULGUR OU TRIGO PARA QUIBE
2 MAÇOS DE SALSINHA
½ MAÇO DE HORTELÃ (SOMENTE AS FOLHAS)
2 TOMATES MADUROS CORTADOS EM CUBOS PEQUENOS
2 CEBOLINHAS FINAMENTE FATIADAS (AS PARTES VERDE E BRANCA)
100 ml DE AZEITE DE OLIVA EXTRAVIRGEM
SUCO DE 2 LIMÕES
SAL E PIMENTA-DO-REINO A GOSTO

Em uma tigela, coloque o bulgur e cubra com água fria. Repouse por uma hora, ou até que esteja macio. Escorra apertando para retirar todo o excesso de líquido.

Descarte os talos mais grossos da salsinha e fatie com as folhas do hortelã em tiras finas.

Na saladeira, misture o bulgur escorrido, a salsinha, o hortelã e o tomate picado. À parte, combine o suco de limão, o azeite, sal, pimenta e a cebolinha. Regue sobre os outros ingredientes e misture bem. Sirva com pão pita ou folhas de alface.

TABULE

MOLLICA FRITTA
IL FORMAGGIO DEI POVERI

A mollica fritta, ou migalhas fritas, é conhecida como "o queijo dos pobres", por substituir o caro queijo ralado sobre os pratos de macarrão dos mais pobres. É muito usada na cozinha da Puglia, no sul da Itália, em um prato chamado orecchiette con le cime di rapa (orecchiette com brócolis), mas é bastante difundida por toda a península. Sugerimos servir esta receita para finalizar uma massa ao alho e óleo.

200 g DE PÃO ITALIANO DURO E SECO
100 ml DE AZEITE DE OLIVA

Quebre o pão italiano e coloque no processador ou no liquidificador. Bata até que fique com consistência de farinha de rosca grossa. Em uma frigideira grande, coloque a metade do azeite e frite o pão moído em fogo alto, mexendo sempre até que fique bem dourado. Retire imediatamente da frigideira e deixe esfriar.

PANZANELLA

MOLLICA FRITTA

REFERÊNCIAS

CERVANTES, M. de. **Dom Quixote de la Mancha**. Tradução: Ernani Ssó. São Paulo: Penguin-Companhia, 2012.

CERVANTES, M. de. **El Ingenioso Hidalgo Don Quijote de la Mancha**: edición del IV centenário. Madrid: Real Academia Española, 2004.

RIBEIRO, C. **Comida de santo que se come**. São Paulo: Arole cultural, 2018.

SUASSUNA, A. R. D. **Gastronomia sertaneja**: receitas que contam histórias. São Paulo: Melhoramentos, 2010.

ÍNDICE DE RECEITAS

Crumble 142

Cuscuz marroquino 150

Cuscuz nordestino 151

Cuscuz paulista 152

Duelos y quebrantos 141

Farfel de matzá 145

Farofa d'água 36

Farofa de abóbora e girassol 132

Farofa de alho frito 45

Farofa de ameixa seca e
    cebola queimada 75

Farofa de arroz tostado e cogumelos 130

Farofa de aveia com amendoim 134

Farofa de aviú 73

Farofa de bacalhau com grão-de-bico 106

Farofa de bacon ou de linguiça 43

Farofa de bacon, ovo, linguiça e cebola 62

Farofa de banana 42

Farofa de banana com bacon 64

Farofa de camarão para rechear peixes e
    frutos do mar 82

Farofa de camarão seco 55

Farofa de carne-seca com maxixe 67

Farofa de castanha-de-caju 125

Farofa de castanha-do-pará e
    couve-flor 129

Farofa de cebola 44

Farofa de cebola e queijo branco 63

Farofa de cenoura 50

Farofa de chia com cenoura 138

Farofa de coco e cebola em flocos 136

Farofa de coco queimado 123

Farofa de couve com ovo e linguiça 61

Farofa de dendê 37

Farofa de farelo de trigo e
    clara de ovos 135

Farofa de farinha de rosca,
    tomate, azeitona e ervas 66

Farofa de feijão-fradinho 52

Farofa de folha de taioba para rechear
    peixes assados 88

Farofa de leite em pó, aveia e goji berry 122

Farofa de milho flocado com goiabada
    cascão e queijo coalho 69

Farofa de miúdos e azeitona 74

Farofa de miúdos para rechear aves 80

Farofa de Natal e Ano-Novo 78

Farofa de ovas de tainha
    para rechear peixes 83

Farofa de ovo 41

Farofa de palmito de guariroba 54

Farofa de pato crocante com maçãs
    e repolho 108

Farofa de peixe seco com
    banana-da-terra 103

Farofa de pequi 53

Farofa de pinhão 48

Farofa de piracuí com banana-da-terra 71

Farofa de quinoa com tofu defumado 131

Farofa de raspas de queijo 56

Farofa de repolho e bacon 77

Farofa de sururu com dendê 72

Farofa de suspiros com nibs de cacau
    e frutas secas 127

Farofa de torresmo 49

Farofa do pescador 105

Farofa fria 68

Farofa na banha 39

Farofa na manteiga 38

Farofa para crosta de sardinha 87

Farofa para rechear carnes com
    alto teor de gordura 90

Farofa para rechear carnes magras 92

Farofa para sorvetes 120

Farofa verde (de couve) 47

Farofa-fá 59

Farofão goiano
    (inspirado no empadão goiano) 110

Feijão-tropeiro 114

Filé à Oswaldo Aranha 115

Galinha com farofa 101

Mexido de carne de sol 111

Migas 144

Mollica fritta – il formaggio dei poveri 156

Paçoca de amendoim 121

Paçoca de carne 95

Paçoca de carne-seca 96

Paçoca de pinhão 99

Paçoca de torresmo 98

Panzanella 148

Persillade 149

Roupa-velha 113

Stuffing 146

Tabule 154

Virado à paulista 117

SOBRE OS AUTORES

DANIELA NARCISO

Farofeira desde a infância em Santa Catarina, formou-se em turismo e hotelaria na Universidade do Vale de Itajaí (Univali) e especializou-se em gastronomia na California Culinary Academy. Atuou como professora no Senac, é consultora de restaurantes e coorganizadora do livro *Pois sou um bom cozinheiro: receitas, histórias e sabores da vida de Vinicius de Moraes*.

DANILO ROLIM

Começou a comer farofa em Itapeva, interior de São Paulo. Formou-se em direito na Universidade de São Paulo (USP), estudou gastronomia na Faculdade Anhembi Morumbi e no Institut Paul Bocuse, em Lyon. Atua como *chef* e escreve sobre gastronomia e cultura.